実践につながる
インテリアデザインの基本
THE BASICS OF INTERIOR DESIGN

橋口新一郎 編著

戸澤まり子・所千夏・岩尾美穂・九後宏 著

©Hiroshi Kugo

学芸出版社

はじめに

これから、インテリアデザインを学ぼうという人へ

　建築、あるいはインテリアは人に幸せを提供し続けることができる仕事である。なぜなら、家を建てる、店舗を出店する、事務所を開設するなど、いずれもハレのときに仕事の相談を受けるからだ。もちろん、老朽化した空間や、利用価値の薄れた空間のリノベーションやコンバージョンなど、空間や資産を再生することも職能のひとつといえるだろう。携わった仕事が人に喜ばれ、空間が活き活きと輝く姿を見ると、皆さんもきっとこの仕事に幸せを感じることとなるだろう。

　本書は、大学・各種専門学校の学生、およびこれから建築やインテリアを学ぼうとする人向けに書かれたテキストである。執筆者はいずれもプロとして活躍している先生方で、その先生方が実際の業務から学んだ、他のテキストには載っていないプロとしての秘訣や知識をふんだんに盛り込んでいる。1章、13章では実例を取りあげ、わかりやすく概説しており、2章では複雑な業務の流れを手ほどきするようにこと細かく記している。他の章も、インテリアデザインを学ぶ上で欠かせないことばかりだ。わけても、本文右欄にしたためた「赤パン先生」からのコメントは、プロが実践しているテクニックを惜しげもなく披露しており、皆さんが将来活躍されるヒントがここに隠されている。そういった意味では、現在活躍しておられる方々にもぜひ手に取っていただきたい。

　とはいえ、本書で学ぶことがすべてであるはずもなく、まずは建築やインテリアデザインに興味を持ち、好きになっていただきたい。そうすれば、学ぼうという意欲がどんどん増し、必ず次への飛躍につながることだろう。一気にプロになれる人はひとりもいない。かく言う私も学生のころは雲をつかむような勉強を繰り返してきた。やがてそれが霞になり、徐々におぼろげなかたちが見えてきたころにやっとプロとして動き出せたように思う。皆さんには、本書で学ぶほか、将来目標とする人物をいち早く探し出してほしい。その人が駆け出しのころにつくった作品を調べたり、若いころに書いた文書を読んだりしているうちに、遠い目標が近い存在に感じるようになるはずである。1日も早くその人に近づけるよう、決して諦めることなく、楽しみながら学習されることをお勧めする。

2018年3月
橋口新一郎

本文の右側にたくさん書かれている「赤パン先生のコメント」には、プロ目線のアドバイスや、実践的な知識が盛りだくさん。
コメントを読んで気になったところから本文を読み始めるのも良いね！

赤パン先生｜橋口新一郎

Contents

はじめに 3

第1章 実践例から見る インテリアデザインの発想とその手法 ……… 8

- 1・1 インテリアデザインとは 8
- 1・2 配置の工夫 9
- 1・3 素材の工夫 10
- 1・4 リサーチの工夫 11
- 1・5 差別化の工夫 12
- 1・6 防犯の工夫 13
- 1・7 不利な条件を克服する工夫 14
- 1・8 伝統技術の新たな工夫 15
- 1・9 機能を重ね合わせる工夫 16

第2章 インテリアデザインの業務 ……… 17

- 2・1 インテリアデザインに求められるもの 17
- 2・2 インテリアデザイナーの分類 18
  空間デザイナー／インテリアコーディネーター／家具・プロダクトデザイナー
- 2・3 インテリアデザインの仕事 20
  インテリア業界の顧客探し、顧客づくり／マーケティングから顧客創造へ／顧客のニーズ／ターゲット分析と顧客満足に向けて
- 2・4 インテリアデザイナーのコンサルティング業務 24
  「商空間」「住空間」の違い／商空間デザインのコンサルティング業務／住空間のインテリアデザインのコンサルティング業務

第3章 インテリアデザインの計画 ……… 27

- 3・1 人間工学 27
  人間工学とは／人体寸法と設計／静的人体寸法（基本姿勢と寸法）／動的人体寸法と単位空間／家具・設備・ものの関係
- 3・2 尺度と心理 31
  モジュールとモジュラーコーディネーション／人間の行動・癖／人と人の距離の心理的要素／個人と集団の距離／空間の知覚とスケール
- 3・3 インテリア空間の性能と安全性 34
  インテリアの性能／インテリアの安全性
- 3・4 住空間の計画 37
  住まいの機能／ライフスタイル・ライフステージ／戸建住宅と集合住宅／空間の連続性
- 3・5 公共空間の計画 39
  オフィス／学校／ホテル／病院・福祉施設／駅・交通機関／複合商業施設

第4章　室内環境と設備 ……………………………………43

- 4・1　熱環境　43
  熱の伝わり方（伝導・対流・放射）／熱貫流率
- 4・2　室内環境　44
  湿度と結露／断熱、気密、日射（日照・採光）、熱容量、有効温度／換気と通風
- 4・3　音環境　46
  音の伝わり方（入射、反射、吸収、透過）／音の強さ、高さ、音色／遮音、吸音、残響／騒音
- 4・4　給排水　49
  給水の種類／水質管理／給湯／排水の種類
- 4・5　換気　51
  換気の種類
- 4・6　冷暖房　52
  冷暖房の方式／冷暖房負荷／パッシブソーラー、アクティブソーラー
- 4・7　電気設備　53
  電気の種類／電気の供給／スイッチ、コンセント／照明／家電、ホームエレベーター／情報設備機器、HEMS
- 4・8　水回り設備　57
  キッチン／浴室／洗面室・トイレ

第5章　人にやさしいインテリア ……………………………………60

- 5・1　バリアフリーとユニバーサルデザイン　60
  バリアフリー／ユニバーサルデザイン
- 5・2　住宅のデザイン　61
  プランニングのポイント／住宅内の段差／設備のデザイン
- 5・3　公共施設のデザイン　63
  プランニングの工夫／階段・廊下・スロープ／サイン
- 5・4　家具・設備・プロダクトのデザイン　64
  家具の工夫／設備の工夫／プロダクトの工夫
- 5・5　カラーユニバーサルデザイン　66
  CUDのポイント／CUDのための工夫／CUDへの取り組み

第6章　色彩理論とインテリアデザインへの活用 ………68

- 6・1　色彩心理　68
  色の感情効果／色の視覚的効果／色の心理的効果
- 6・2　色彩の表記　72
  色の性質／マンセル表色系／PCCS（日本色研配色体系）／慣用色名
- 6・3　色彩調和と色彩計画　76
  2種の色彩調和／色彩計画
- 6・4　色とは何か　79
  光と視覚／人工光源と色／原色と混色
- 6・5　色と質感　82
  光の反射と質感／色と質感

第7章　内装・造作・開口部 ……………………………………… 84

- 7・1　建築の概要　84
- 7・2　造作・内装の概要と要点　84
- 7・3　内装　85
  床／壁／天井
- 7・4　造作　88
  床の間／和室各部／階段
- 7・5　開口部　91
  開閉の方式／各種サッシ／建具の概要／戸枠の概要／桟戸／障子／襖／補助部材／錠前／その他の部材

第8章　エレメント・装備 ……………………………………… 99

- 8・1　照明器具　99
  全般照明、局所照明／照明器具と配光特性／照明器具の構成と種類／建築化照明／主な照明器具の種類／光源
- 8・2　移動家具　104
  椅子／デスク、テーブル／収納家具／収納家具の構造／ベッド／家具金物／家具の留意点
- 8・3　ウィンドウトリートメント　107
  カーテン／カーテンの各部名称と付帯部品／カーテンの生地による区分／シェード（ローマンシェード）／スクリーン／ブラインド
- 8・4　ファブリックス（布・織物製品）　111
  カーペットとその仲間／カーペットの製法、種類／カーペットの施工／畳
- 8・5　オーナメント　114
- 8・6　サインとインフォメーション　114

第9章　マテリアル ……………………………………… 116

- 9・1　材料とは　116
- 9・2　木材とその生成品　117
  木材の特徴と各部名称／針葉樹と広葉樹／木の加工物／その他の木質系材料
- 9・3　テキスタイル　119
  繊維と糸／織布、編布、不織布／色付け／2次加工
- 9・4　樹脂系材料　121
  薄板材／塗布材／成形部品
- 9・5　塗料　123
  塗装材料の主な種類／塗装仕上げの呼称／塗料取り扱いの留意点
- 9・6　コンクリート、モルタル、石こう、土　124
- 9・7　タイルとレンガ　125
- 9・8　石材とその加工品　126
  石材の種類／石材の加工と取りつけ
- 9・9　ガラス　127
  板ガラスの種類／板ガラスの工法／その他のガラス材料
- 9・10　金属　129
  金属の種類／表面処理
- 9・11　機能性材料　130
  防音材料／防火材料／断熱材料

第10章　インテリアの歴史（世界編）　……………………………132

- 10・1　古代から近世の西洋インテリアデザイン　132
- 10・2　古代　132
  メソポタミア、エジプトの建築と内装／ギリシャ様式／古代ローマ様式／ビザンチン様式／イスラム様式
- 10・3　中世　137
  ロマネスク様式／ゴシック様式
- 10・4　近世　139
  ルネサンス様式／バロック様式／ロココ様式／リバイバル建築、新古典主義建築／コロニアル様式
- 10・5　近代　144
  産業革命以降／アーツ・アンド・クラフツ運動／アール・ヌーヴォー様式／セセッション（分離派）／ドイツ工作連盟／デ・ステイル／バウハウス／アール・デコ様式とモダニズム
- 10・6　現代　149

第11章　インテリアの歴史（日本編）　……………………………151

- 11・1　原始：縄文〜弥生〜古墳　151
- 11・2　古代：飛鳥・奈良　152
  神社──日本独特の神社形式の確立／寺院──大陸技術の輸入／住宅
- 11・3　古代：平安　153
  寺院──国風文化の高揚／神社──神仏習合による複雑化／住宅──阿弥陀堂と寝殿造
- 11・4　中世：鎌倉〜室町　155
  寺院──禅宗の大流行／住宅──書院造から草庵茶室へ
- 11・5　近世：安土桃山〜江戸　156
  住宅──居城、御殿／神社、寺院──贅を尽くした権現造と庶民の参詣空間
- 11・6　江戸の民家、庶民の建築・インテリア　158
  農村・漁村の民家／門前町・城下町・宿場町の町家
- 11・7　近代：明治・大正・昭和初期　159
- 11・8　現代　160

第12章　パース（透視図）　……………………………162

- 12・1　パースとは　162
- 12・2　パースの種類　163
- 12・3　手描きパース　164
  手描きパースの種類／手描きパースのコツ
- 12・4　デジタルパース　165
  デジタルパースの種類／デジタルパースのコツ

第13章　インテリアデザイン実務の進め方　……………………………166

現場調査／白図とラフプランの作成（基本構想）／基本計画／客席の計画／色彩計画／素材の計画／照明計画／実施設計／設計監理／設計検査・引き渡し

索　引　173

第1章
実践例から見る
インテリアデザインの発想とその手法

この章では、インテリアデザインの実例と照らし合わせ、インテリアデザイナーが実際に取り組んでいる基本的な発想とその手法を幅広く紹介する。本書に掲載しているすべての事柄がうまく絡み合ってこそ、すばらしい空間が生み出されるのである。皆さんには、まずインテリアデザインに興味を持ち、空間がいかにして生まれているのかを探ってほしい。(写真：大和ハウス本社ビル レストラウンジ　© Satoshi Asakawa)

1・1　インテリアデザインとは

　まず、「デザイナーとは、ただ自分の作品をつくる仕事ではない」ということを知っておかなければならない。インテリアデザイナーには、施主（クライアント）の要望に加え、コンセプト・機能・敷地条件・法規制・コストコントロール・安心・安全・美しさ・人間性など、とても多くのことが求められる。こうした基本的なことができた上で、時代や人の心を動かす作品ができれば、すばらしいデザイナーになれたといえるだろう。

求められるデザイナー

　これまでの日本の業界では、建築は建築家、インテリアはインテリアデザイナーがデザインすればよいという縦割りの社会であったが、海外や歴史に目を向けると、ほとんどのデザイナーが、職域を越えて、建築・家具・インテリアをトータルにデザインし、活躍していることがわかる。建築とインテリアは、そもそも一体としてつくられるものであり、我が国でも、幅広い職域で活躍できる人材が求められている。

コンセプトワーク：コンセプトをまとめることは、デザインを進める上で、最も大切なことのひとつ。コンセプトがしっかり決まっていれば、ブレのないデザインができ、判断に迷ったときにでも、コンセプトを見返すことで、正確な判断を導くことができるんだよ。計画する施設の地域性や、これまで続いてきた歴史などを紐解いていくと、必ずコンセプトの切り口が見つかるはずだ！

航空会社レストラウンジ　ⓒ Shinichiro Hashiguchi

　以下では、筆者が手掛けた事例をもとに、インテリアデザインにおいて、プロが実際に考えていることを概説する。

1・2　配置の工夫

計画概要（レストラウンジ／大阪府伊丹市／98.20m²）

　オフィスの移転にともない計画された、とある航空会社の職員専用のレストラウンジである。日中は社員食堂として、夕刻からは懇親会もできるラウンジとして利用され、パイロット、キャビンアテンダント、グランドスタッフ、整備員、事務員、役員と、あらゆる職種の職員のために、時間帯も人数も目的も異なった利用形態が望まれる。ここでは、多様な要望に応えるべくフレキシブルさに富んだ平面計画としている。ときにはフランクな役員会議、またあるときは立食パーティと、毎日さまざまなイベントが催され、人の命を預かる日常の疲れをゆっくり癒せるような計画である。

計画のポイント

- カウンター席やベンチシート、ソファー席を設けるなど、多目的な利用に応える座席配置。
- 椅子を少し移動させるだけで、立食形式のプランに早変わり。大きなテーブルはビュッフェコーナーに。
- コーポレートカラーを基調としたカラーリング。［→第6章］

ⓒ Shinichiro Hashiguchi

オリジナルデザインの壁面装飾
植物をモチーフにした有機的なデザインとし、訪れる人に安らぎを与えている。

ⓒ Shinichiro Hashiguchi

会議もできる大テーブル
利用者の視線が直接交わることのないように、スリットの入った壁で柔らかく遮り、座席配置も工夫している。

コーポレートカラー：社のイメージを表す色。

LaLa clesso　© Satoshi Asakawa

1・3　素材の工夫

計画概要（カフェバー／大阪市北区／ 152.10m²）

　ビルの電気室を店舗に転用(コンバージョン)した計画である。天井高さ2.2mという、比較的大きな規模の飲食店としては天井が低い条件を逆手に取り、素材による視覚操作で擬似的な空間の広がりを形成した。各所に鏡面素材を用いて、空間と照明をリフレクトさせ、非日常的な大空間を獲得し、季節や時間によって時々刻々と変化する照明計画を施すことで、訪れる人の憩いの場となっている。

計画のポイント

- 不利な条件を克服するため、鏡面仕上げのステンレスプレートを用い、映り込みを利用したデザイン。
- 光天井による、店内の明るさのコントロール。入口付近を明るくすることで、入りやすい雰囲気に。
- 反射率の異なる床材を用いた空間のイメージコントロール。入口付近は反射率が高く明るい席、店舗の奥に行くほど落ち着いた席としている。
- 下がり天井(天井が設備や構造により他より低くなっている部分)に配したLED照明に、何色もの色の変化をプログラミング。季節やイベントに合わせた照明計画[→第4章]としている。

© Satoshi Asakawa(2点とも)

鏡面素材によるデザインと照明
店舗の入口は、大きな光天井を設けて明るくし、奥に行くほどほんのり暗く落ち着いた雰囲気としている。

なんやかん屋　© Shinichiro Hashiguchi

1・4　リサーチの工夫

計画概要（創作居酒屋／大阪府堺市／75.90m²）

　超ローコストで実現した、店舗の改装計画である。計画地から半径1km以内の飲食店を徹底的に**リサーチ**し、隣接店のデザインは都心の洗練されたデザインの飲食店と比べ、70〜75点と判断。100点満点のデザインを目指したいところだが、コストアップにつながるため、80点の店舗を目指し、他店とのデザインの差別化を図った。

　施工では、異なる職種の職人が増えると経費が嵩むため、外壁、内壁とも塗装で仕上げるなど、できる限り同じ仕上げとすることで、経費を削減している。また、照明は1つの**スポットライト**で、外壁と看板、植栽とファサードを照らすなど、いくつものシーンを演出し、植栽の影を装飾として利用するなど、効率的な計画とした。テーブルなど既存の家具は、できる限り再利用。他の店舗との差別化を積み重ねることで、地元の女性客を中心に賑わっている。

© Shinichiro Hashiguchi
照明を効果的に利用
外壁と看板を照らすスポットライト。店内の明かりは、外部に漏らし、外壁のアクセントとした。

© Shinichiro Hashiguchi
影の装飾
外部に設けた植栽や、店内の格子の影などが装飾となるよう計算し、コストをかけない雰囲気づくりを施している。

計画のポイント

・徹底したリサーチと**差別化**。
・照明による陰影の効果的な利用と照らし方の工夫。
・既存家具の再利用。

Happiness ©Stirling Elmendorf

1・5　差別化の工夫

計画概要（美容室／大阪府高槻市／80.54m²）

　美容室激戦区での新装計画である。計画地の周辺には、グレイッシュな街並みに、無機質な印象のスタイリッシュモダンをイメージした美容室が乱立しており、どのお店も同じように見える上、過剰なまでに目隠しを施して、せっかくの空間的な奥行きを消していた。ここでは、前面道路から店舗の奥行きが一目でわかるようなプランニングとし、どこか温もりのある雰囲気を持つサロンを目指した。幸い既存店のミラーとスタイリングチェアが、ナチュラルな雰囲気を持ち合わせていたので再利用し、新たに用いる素材を選ぶ要素にもなった。鉄骨の柱型を隠すために壁を厚くし、そこに大小さまざまな箱を設けた。この箱は、収納棚として機能しながら、空間にリズム感を与えている。1本ずつ組み上げた角材のオブジェは、やわらかく空間を仕切りながら、サロンをやさしく包み込んでいる。閉店後には、このオブジェをライトアップし、サロンの常夜灯として機能させている。

©Stirling Elmendorf

ライバル店との対比
他店との差別化を図るため、できる限り自然に近い素材を用い、温もりのある空間を目指した。

©Stirling Elmendorf

角材を利用したオブジェ
一般の建材として安価で手に入る角棒を利用し、店舗の顔となるオブジェを作成。

計画のポイント

・開放的で温もりのある空間による、ライバル店との差別化。
・安価な素材を用いて製作したオブジェを店舗の顔に。

RE: 02 © Stirling Elmendorf

1・6 防犯の工夫

計画概要（集合住宅エントランス／大阪府門真市／150.60m²）

　高度成長期に乱立した巨大マンションは、立地条件によるものの、その多くは転売が難しく、大規模改修にも多額の費用を投じなければならない、といった状況が続いている。そんな地方都市の、老朽化した集合住宅の再生を目指したメンテナンス計画である。ここでは、時代とともに老朽化した建築の補修と、現代の生活スタイルに沿った、エントランスホールのデザインが求められた。

　まず初めに、無秩序に計画された既存のデザインコードを整理し、アプローチの天井、エントランスホールの壁面、アートワークには、反射性の強い素材を用い、物理的に制約されたホールに、明るさと視覚的な広がりを確保した。同時に人の姿が映り込むことによる、心理的な防犯性能の向上を狙った。またエントランスには、ディスプレイスペースにもなる共用の大きなベンチを設け、施設の新たな顔とした。

© Stirling Elmendorf
空間の広がり
ガラスやステンレスなどの、反射率の高い仕上げとすることで、明るく広がりのある空間とした。

© Stirling Elmendorf
映り込みによる防犯
壁面・天井・オブジェによる映り込みが、防犯ミラーの役割を果たし、犯罪の抑制となっている。

計画のポイント

・限られた空間を有効活用するアイデアと、その効果の積み重ね。
・反射性の強い素材による、視覚的な広がりと防犯性能の向上。

MUSIC SQUARE 1624 TENJIN　© Satoshi Asakawa

1・7　不利な条件を克服する工夫

計画概要（ライブハウス／大阪府高槻市／305.00m²）

　ジャズフェスティバルなどが盛んで、全国から演奏者やファンが集まる街に計画した、古いビルの地下に着座で100人収容できる規模のライブハウス。床・壁・天井を黒く塗り、スポットライトによって演出するライブハウスが多いなか、ここでは地下に潜ったときには感じられない自然なイメージを表現しようとした。また、地上階を支える大きな柱と大梁が地下空間を制限しており、限られた空間を広く見せるため、できる限り天井高さを確保したかった。そのためには、天井スラブから大きく垂れた大梁をかわしながら空調や換気などの設備を納め、またその不利な条件を積極的に活用しながらデザインを進める必要があった。ここでは、梁のふところ部を利用した間接照明で、太陽光に近い陽だまりや木漏れ日を再現し、大梁は、葉脈を思わせる造形で包み込むことで、有機的で広がりのある空間とした。客席を少しでも確保するため、演奏者と客席はできる限り近づけ、臨場感溢れるステージとした。

© Satoshi Asakawa
演奏者の視線
臨場感を増すため、できる限り演奏者と客との距離を近づけるようにしている。

© Satoshi Asakawa
躯体（大梁）を隠す
葉脈のような造形のひとつに大梁を隠し、有機的で、連続したデザインとしている。

計画のポイント

・従来のライブハウスとの差別化。
・不利な条件（空間を邪魔する躯体など）を積極的にデザイン。

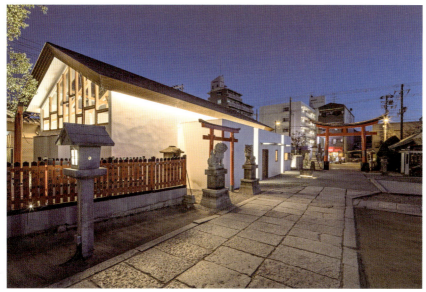

姫嶋神社｜参集殿　© Satoshi Asakawa

1・8　伝統技術の新たな工夫

計画概要（参集殿／大阪府大阪市／ 223.79m²）

　地域に根ざした神社の参集殿。神事を司る大広間と社務所を併設しており、手漉き和紙の障子で柔らかく空間を間仕切ることで、婚礼・講話・美術展示など、多様な要望に応える構成としている。

　屋内は、地中の断熱性を有効に活用することで、床下空調の負荷を軽減した全館空調としている。気積の大きい空間を24時間ゆっくり運転することで、ランニングコストを抑え、急激な温度変化が生じないように計画している。加えて壁面の唐松は鎧張りとすることで、表面積を増やし、素材の吸放湿性をより高め、壁面上部の和紙、床の唐松もその調湿作用を助長している。さらに、黒く鏡面に磨かれた天井は、日照、御神木を映しこみ、昼夜の神秘的な空間変化をより一層豊かなものにしている。

　現代的な建築に伝統的な技術や感性を盛り込むことで、次世代につながる学びの場として、広く愛される施設とした。

© Satoshi Asakawa

素材の対比
壁面の唐松は鎧張り（板の一部を重ねる張り方）とし、上部は和紙を用いている。天井にアルミの鏡面材を用いることで、現代的な素材と対比させている。

© Satoshi Asakawa

手漉き和紙を利用した障子
手漉きの特性を活かした薄い和紙を利用することで、空間の緊張感を担保している。障子を開けると、広々とした空間に変化する。

計画のポイント

・伝統的な素材と現代的な仕上げ材の対比。
・これまで培われてきた技術や素材の特性を環境性能などに活かす。

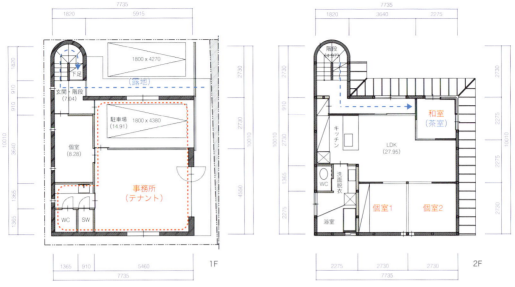

西陣の家　©橋口建築研究所

1・9　機能を重ね合わせる工夫

計画概要（店舗付き住宅／京都府京都市／127.53m²）

　共働きの夫婦と子ども1人が住まう店舗付き住宅。1階が店舗（夫の事務所）、2階が住まいという構成である。2階は、2つの個室とリビングダイニング。それに小さな和室がある。今は子どもが小さいため、妻と子どもが個室1を、夫が個室2を寝室として利用する。子どもが成長し、個室が必要となったときには、妻が個室1、子どもが個室2を、夫は和室を利用する。やがて子どもが巣立つと、個室1・2を夫婦がそれぞれ寝室として利用するのである。将来、近くに住む祖母が一緒に住むことになっても、この和室が寝室として機能する。この和室は、門からのアプローチを露地としてしつらえ、茶室としても利用できる上、家族のライフサイクルをうまくコントロールしてくれる。また、事務所と駐車場の間仕切りは簡単に解体でき、2階の生活空間と独立したテナントとしても利用できる。躯体が朽ちるまで、家族の住まい方を包み込んでくれる閑居となっている。

計画のポイント

- 個室・客室・趣味の部屋として、小さな和室を利用したライフサイクルのコントロール。
- 間仕切りを建具（障子）にすることによるフレキシブルな空間構成。

©橋口建築研究所

景観に配慮した外観
京都の景観条例に合わせて屋根と庇（ひさし）は瓦を用いている。2階の外壁は杉板の鎧張り、1階の外壁は杉板型枠を工夫した鎧型のRC打ち放しとしている。

©橋口建築研究所

柔らかく仕切られる室内
障子による間仕切りで各室を柔らかく仕切っている。壁面は和紙を用い、無垢のフローリングと梁を現した天井、屋根の勾配差を利用したスリットから漏れる自然光が室内環境を豊かにしている。

第2章 インテリアデザインの業務

インテリアデザイナーの仕事は、機能的で素敵な空間をつくるだけではなく、施主が満足できる結果が求められる。実は、手に取ったり触れたりすることができないものを提供して報酬を得ているのがインテリアデザイナー。この章では、施主とインテリアデザイナーの間に成立しているビジネスと、業界の構造をふまえてインテリアデザインの業務を理解しよう。

2・1　インテリアデザインに求められるもの

　住宅を建てる、あるいは店舗を構えて商売をしようとするとき、設計やデザイン、工事を専門家に依頼し、その費用を支払う人のことを施主（クライアント）という。施主は、一般的に住宅の場合はそこに住む人、店舗の場合はその店のオーナーや、経営責任者である。

　では、施主はインテリアデザインに何を求めているのだろう？

　インテリアデザインの仕事に求められる技術として、次の4つが挙げられる。

①空間を内装や家具、照明などを装備することにより、住宅、店舗、事務所などにふさわしい空間として完成させ、さらに利便性、快適性を向上させる。

②多様なスタイルや、雰囲気、個性をトータルに演出、表現する。

③人の心に影響を与え、行動を起こさせ、問題を解決し、何らかの利益や結果をもたらす。

④確かな施工技術、機能性の高い素材で、高い性能を、適正な価格で実現する。

参照：
①②③→第3、5、6章
（計画、ユニバーサルデザイン、色彩など）
④→第4、7、8、9章
（設備、内装・造作・開口部、装備、マテリアルなど）

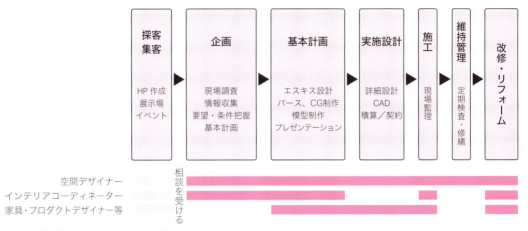

図2・1 基本的なインテリアデザイン業務の流れと連携

①～③はインテリアデザインや建築デザインにおいて「**ソフト**」、④は「**ハード**」と対比的にいわれるが、ハード面の合理化により価格を安くすることができる。また、ソフト面は用途によって異なる視点が求められ、デザイナーの経験が結果に影響するため、インテリア業界の業務は大まかに「**住宅**」「**店舗**」「**家具・プロダクト**」に現状では分かれており、それぞれ専門的なインテリアデザイナーが活躍している。

インテリアデザインの仕事は、企画～竣工・引き渡し～アフターメンテナンスまで、すべてに責任を持って全体にかかわる**空間デザイナー**を軸に、部分的にきめ細かく専門的な範囲を受け持つ**インテリアコーディネーター**や、**家具・プロダクトデザイナー**などが協力して進められる（図2・1、図2・2）。

それぞれが誰に対して、何を提供する仕事なのか見てみよう。

2・2　インテリアデザイナーの分類

インテリアデザインの業務は大きく3つに分類することができる（図2・1）。

1　空間デザイナー

空間デザイナーは、住宅・店舗・公共施設などのインテリアを総合的にデザインする。たとえば店舗の場合は、店舗経営者などから依頼されて、店舗空間をデザインし、施工者の工事を監督する（図2・3）。

また、店舗などの**ブランディング**や販売企画、公共施設の催し物

図2・2　インテリアデザインの相関図

参照：第13章「インテリアデザイン実務の進め方」

インテリアデザインは、さまざまな分野の人をつないで、新しい価値やサービスを創造することもできるんだ。

ブランディング：製品やサービスだけでなく、ロゴなどで他の類似品と差別化し、イメージや話題性、情緒性などの付加価値を与え、そのブランドのイメージを高め、付加価値をより大きく感じさせるための戦略的活動のこと。

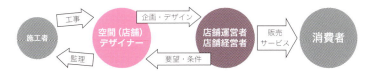

図2·3　空間デザイナーの仕事。店舗の経営者から依頼され、店舗の企画・デザインを提供する場合

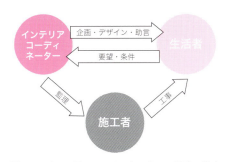

図2·4　インテリアコーディネーターの仕事。住まい手(生活者)から依頼され、家具、照明、カーテンなどの選択、コーディネート、配置などを提案する

図2·5　家具・プロダクトデザイナーの仕事。家具、雑貨、住宅設備機器メーカー、あるいは空間デザイナーから依頼され、商品企画や製品を提供する

など、集客の企画と一体となって、コンセプトに合った店舗空間をつくる。その店の利用者(消費者)から直接要望を聞くことはなくても、結果として売り上げ向上が求められるため、消費者ニーズの分析が重要となる。

2　インテリアコーディネーター

　インテリアコーディネーターは、主に個人住宅を対象に、その家の生活者である施主から直接要望を聞き、適切な対策を示し、選択や決断を促して建築設計や工事に反映させたり、インテリア商品の購入を促すことが仕事である。

　住宅全体の構造や間取り、形状は建築設計者がすでに完成させている場合もあるが、建築条件を含めた全体を把握し、幅広い知識とセンスで、要望を整理し、現実的で適切な提案・助言を行う(インテリア商品の販売なども含む)。施主の個性と要望を具現化し、生活の質の向上を提供する。

　施工者と施主の間に立ち、両者の意思を正確に伝え、トラブルを防ぐ役割も担っている(図2·4)。

3　家具・プロダクトデザイナー

　家具・プロダクトデザイナーは、家具・照明器具・キッチンなど空間を構成するさまざまなものの設計・デザイン企画を行い、機能性とデザイン性、生産効率、販売経路なども検討してメーカーに提

図2·6　店舗デザインのイメージ

図2·7　住まいのデザインのイメージ

図2·8　家具デザインのイメージ

表 2・1　インテリアデザイナーの専門性と所属する業種

		空間デザイナー	インテリアコーディネーター（インテリアスタイリスト）	家具・プロダクトデザイナー
施主（依頼主）		店舗運営会社 デベロッパー 店舗経営者 住まい手	住まい手 ハウスメーカー 設計事務所	家具・雑貨メーカー 住宅設備機器メーカー 設計事務所 デザイン事務所
デザインするもの		店舗、住宅、ホテル、展示場、オフィス、病院など	住宅、マンション、モデルハウス、福祉施設、ディスプレイなど	家具、雑貨、造作家具、住宅設備機器など
サービス業	職種	設計・デザイン職	設計・デザイン職 インテリアコーディネーター職	設計・デザイン職
	所属	・デザイン事務所 ・設計事務所	・デザイン事務所 ・設計事務所 ・不動産会社	・デザイン事務所 ・設計事務所
建設業	職種	設計・デザイン職	インテリアコーディネーター職	—
	所属	・店舗設計会社 ・店舗施工会社 ・ゼネコン	・ゼネコン ・ハウスメーカー ・工務店	—
製造業	職種	—	ショールームアドバイザー職	商品企画職、製作職
	所属	—	・家具メーカー ・ファブリックメーカー ・設備機器メーカー ・建具メーカー	・家具メーカー ・ファブリックメーカー ・設備機器メーカー ・建具メーカー
小売業	職種	—	販売職	販売企画職、アドバイザー職
	所属	—	・百貨店 ・インテリアショップ ・ホームセンター	・百貨店 ・インテリアショップ ・ホームセンター

供する（図2・5）。また、空間デザイナーから依頼されて**特注品**をデザインすることもある。

　魅力をつくる商品（大量生産向け）開発、企画提案と、現物（主に特注品）を製作する製造業がある。

2・3　インテリアデザインの仕事

1　インテリア業界の顧客探し、顧客づくり

　仕事（オファー）を得るためには、誰がどのようなインテリアを求めているのか（ニーズ）を、あらかじめ調査、分析し人々の要望を予測する必要がある。この活動はインテリアデザイン業務の出発点であり、顧客探し、顧客づくりの段階といわれる。

　インテリアデザイナーは、空間や家具を利用する人から直接要望を聞くことだけでなく、常日頃から、時代の流れや、話題の商品、暮らしに関する人々の指向性や、社会問題などについて幅広く情報収集し、他社のチラシや、ホームページのデザイン、集客イベント

> 表 2・1 は、インテリアデザイナーがどのような企業に所属し、何という職種に就いているのかを示したものである。

> **市場調査（マーケティングリサーチ）のポイント**
> ①景気の動き、生活文化、人々の意識や社会問題、社会背景
> ②商品や業界、技術に関する情報
> ③立地条件や、依頼主の要望、ライバル企業の動き
> ④フィールドワーク

> 調査の中でも最も感覚的で正確なのがフィールドワーク。街を歩いてみて、お店に入ってみてこそわかることがたくさんあるんだ。

図2・9 ショールームのイメージ

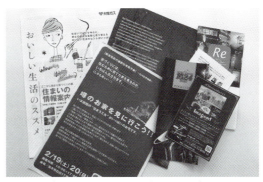
図2・10 ダイレクトメールと展示会のイメージ

の会場演出などの傾向を探らなければならない。これらをもとに顧客層や宣伝広告の範囲を絞り込み、セールスポイントや提案の方針を決定する。このように計算されてつくられたホームページ、広告、イベントなどは、デザイナーのファンを増やすだけでなく、インテリアデザインの見直しや、必要性を喚起させ、個別相談、契約へと導くことができる。

2 マーケティングから顧客創造へ

インテリア業界のマーケティングは、施主の求めに応じたデザインを提供し、その後の修理や買い替えなどアフターフォローまでの活動を通して、施主に直接接触することで得られる情報によって成立しており、かつては効率的に機能していた。担当者の豊富な経験が、マーケティングそのものであった。しかし今日、住宅や家具関連商品の購入予定者の減少、インテリアデザインに対するニーズの多様化により、マーケティングとは商売の仕組みすべてを考える活動となっている。購入を前提としている人に、「とにかく物を売る」だけでなく、常にデザイナーの個性と、メッセージや能力を広く発信していくことで、購入予定のない人が興味・関心、好意を抱いて、自ら接触を求めてくるような顧客創造が必要とされる。施主の納得と満足（顧客志向）のためのインテリアデザインが求められている。

図2・11 ホームページデザインのイメージ

マーケティング：市場調査・販売計画・商品計画・販売価格・販売経路・販売促進のプロセス全体のことを言う。

3 顧客のニーズ

インテリアデザイナーは、顧客志向が基本であるため、顧客の必要性と欲求（ニーズとウォンツ）を発見し、満足度を高めるデザインを目指している。では、顧客のニーズはどこからくるのだろう？

人間の欲求については、マズローの欲求段階説（図2・12）が応用できる。欲求が1段階満たされるごとに次の段階の欲求へと変化し

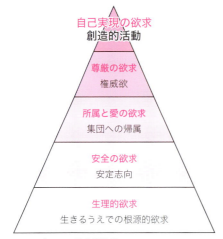

図2・12 マズローの欲求段階説

図2・13 AIDMA（アイドマ）の法則とAISAS（アイザス）の法則

ていくため、顧客の状況などから、ニーズを探り、提案の方向性を検討することができる。

・顧客の意思決定と購買行動

　人間が物を購入するまでの心理の移り変わりには、一定の法則があるとされるが、それを購買心理過程といい、「AIDMAの法則」や、「AISASの法則」などがある（図2・13）。どちらも変化のステップごとに適切な働きかけをすることによって大きな効果が得られるという。また、インターネット上におけるWebマーケティングは、アクセス数増加のための工夫や、契約への誘導方法などサイト構築に購買心理過程が活用されている。

アメリカの心理学者アブラハム・マズローは「人間は自己実現に向かって絶えず成長する生き物である」と仮定し、そのプロセスを5段階の階層で表現したんだ。

Webマーケティングはコストをあまりかけずに宣伝ができるので、若手デザイナーは積極的に活用しているよ！

4　ターゲット分析と顧客満足に向けて

・インテリアデザインは誰のため？

　具体的な物件が確定してからのインテリアデザインは、たとえば店舗であれば利益や売り上げ目標が設定されており、効果的に目標が達成されるように計画を進める必要がある。その際、インテリアデザイナーにとって「誰のためのデザインか？」という視点が最も重要になる。

　ふつう、年齢・性別・職業・所得・家族構成などの特性により、指向性も、ライフスタイルも、必要な機能も、よく行く場所も異なり、顧客層は細分化（マーケットセグメンテーション）されるが、いずれかの顧客層をターゲット（市場標的）として特定し、企画を固めていく。図2・14のように敷地の周辺条件に合わせてターゲットや商材が検討・決定されており、インテリアデザイナーはそのタ

ここでのターゲットは、店舗の場合、その店舗の利用者を指し、住宅の場合、住まう人を指す。

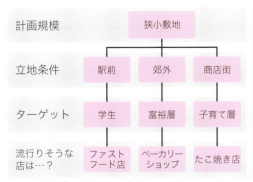
図2・14 店舗の企画設定のプロセスの例

図2・15 看板ロゴデザインのイメージ（デザイン：中央工学校OSAKA学生）

図2・16 ショウウインドウデザインのイメージ

図2・17 顧客満足のプロセスのイメージ

完成形は、予想通り＋α以上、プロならではの驚きの提案を！

$$顧客満足度 = \frac{完成形}{予想 + \alpha}$$

α＝感動、サプライズ、おもてなしは当たり前

図2・18 顧客満足度のイメージ

ーゲットを分析して、空間や、家具をデザインし、予算計画を立て（デザイン費、工事費と店舗の売上）、場所の特性を活かして、看板（図2・15）やショウウインドウ（図2・16）のような集客や販売のためのアイデア（販売促進）を含めたデザイン企画を考えるのである。

・顧客満足

　顧客満足は、CS（カスタマー・サティスファクション）ともいわれ、顧客（消費者）の要望をできる限り満たし、顧客を満足させることを優先させた提案や商品開発、販売活動のことで、マーケティングで最も重要な考え方とされる。CSを推進すると、商品や企業のファンを増やすことにつながるため、あらゆる業種の経営戦略に取り入れられている。またCSは、利用者アンケートなどで、顧客満足度として数値化し、実績のひとつとして公開している企業が多い。特に住宅産業では、要望把握や提案力、そしてデザイナーへの信頼感が大きく影響するため、顧客満足度の高さを積極的にアピールしている。施主が十分満足するには、施主自身が予想していたこと以上の提案が期待されていなければならない（図2・17）。図2・18は満足度を数値化した場合のイメージだが、予想外の＋αの提案は当たり前であり、できあがった完成形が期待を超えるものであって初めて満足度が100％を超えるのである。

ターゲットが決定したら、徹底的に研究して、そのターゲットにわかりやすく表現することが大切！コンセプトや芸術性を重視するあまり、ターゲットへの意識がおろそかになることがあるから要注意だよ。

信頼関係を築くためにはスケジュールや予算を管理し、決められた約束を守り、適切に調整し、何があっても誠意を持って問題に対応するという基本的な姿勢が大切なんだ！

・環境志向

　有害物質の排除、ゴミの削減、物流の効率化、リサイクル可能な仕組みの構築などを実現したデザインはサステイナブル（持続可能）デザインと呼ばれ、環境と共生する社会を構築するためのデザインとして人々の関心が高い。インテリアデザインにも取り入れることで顧客満足度も高まる傾向にある。デザインの意味が、機能や好み、個性だけでなく、その人の価値観に関連していることが重要となっている（図2・19）。

図2・19　環境志向をアピールできるデザイン

エコマーケティング、グリーンマーケティングと呼ばれるように、環境への負荷を軽減することは、企業のイメージアップにもつながっているね！

2・4　インテリアデザイナーのコンサルティング業務

　デザインの方針を決定するための、施主から直接要望を聞き取る打ち合わせは、デザイナーの最も重要な業務である。これは施主の相談に対して問題の抽出と解決策を示し、その発展を支援する仕事であり、コンサルティング業務という。ここでは、インテリアデザイナーとしてのコンサルティング業務について見てみよう。

1　「商空間」「住空間」の違い

　空間のインテリアデザインにおいて、使いやすさや、快適性、性能、コストパフォーマンスや施工技術などはどのような空間にも必ず要求される。一方、「住む」と「商いをする」という目的が違えば、考え方や、デザインにかかわる法規制などに、少なからず違いがある（表2・2）。いずれも豊富な経験が結果に影響するので、デザイナーは得意とする専門分野を持っている場合が多い。

施主と打ち合わせしなければならない項目にも違いがあり（表2・3、2・4）、デザイナーの人生観や人柄が、施主の本音を引き出す鍵となることもあるよ。

2　商空間デザインのコンサルティング業務

　空間、特に店舗のインテリアデザインにおいては、店舗のオーナーである施主の目的は、利益を生むためにその店舗を流行らせることである。そのため経営の工夫や、広告・宣伝方法、ブランディングなどを盛り込んだ提案が求められる。そのため店舗のデザインを完成予想図や、模型、図面などで示すだけではなく、サービスの特徴、店舗のイメージ（図2・20）、魅力やインパクトづくり、店内のディスプレイや商品の品揃えも含め、デザインの効果、根拠、コンセプトなどを明示した企画書をプレゼンテーションして承認を得るのである。

　商空間といってもさまざまな業種、業態がある。デザイナーは、

魅力ある店舗に重要なのが照明デザイン。照明デザイナーには、光そのものをデザインする人と、器具をデザインする人がいる。
前者は、既製品や間接照明を組み合わせて空間の光環境を調整する。つまり照明計画を行う。後者はイメージやスタイル、個性を表現できる照明器具のデザインを製造メーカーに提供する。いずれも、専門性の高い照明デザイナーだよ。

表2・2 住空間と商空間の違い

住空間		商空間
・一般住宅、福祉施設 （戸建て住宅、マンション、シェアハウスなど）	用途	・飲食店、物販店、サービス （専門店、百貨店、ショッピングセンターなど）
・生活する人の安全と住みやすさ ・潤いのある暮らし ・家族の変化に対応できる継続性	目的	・商品がスムーズによく売れること ・魅力やインパクトで集客すること ・顧客情報の収集、管理
・特定の人 （この家で暮らす家族のみ）	利用者	・不特定多数 （年齢、性別問わずあらゆる人が利用する可能性あり）
・個性、その人らしさ、住む人の好み、周囲との調和を重視 ・安心感、愛着ある空間（日常） ・寝食と休息（非生産性）	雰囲気 スタイル	・ブランドのアピール、流行、宣伝効果、人気、差別化を重視 ・普通の生活とはかけ離れた空間（非日常） ・売買や取引、交渉（生産性）
・ライフスタイルや、家族構成に合わせた部屋とそのつながり（間取り）が重要 ・外観や庭、構造などとインテリアデザインが一体化している	建物との 関係、影響	・商品レイアウト、人の動きなどに応じた空間の広さ、形が重要 ・建築とは関連性がなくても店舗入口のデザインが確立できれば問題がない
・一般的に住戸内の階段・内装の法規制は、災害に対しては比較的緩いが、健康への配慮が求められる	法規	・災害時の避難経路や消火設備、階段内装材の不燃性など、大勢の利用者の安全に配慮しなければならない

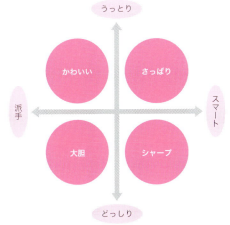

図2・20 店舗のインテリアスタイルのイメージマップ

表2・3 店舗デザインの打ち合わせ事項

①施主について把握すべきこと
・経営理念、価値観
・店舗利用者の好みのスタイル、嗜好性（図2・22）
・興味・関心のあること、美的感覚

②施主に提供すべき情報
・業種、業態別の傾向
・流行、ターゲット層の好みと傾向
・デザイナーの施工実績（評判）

③施主の要望確認、実態調査
・現場の実測、状況確認
・立地条件（ライバル店や客層）
・工期、予算、法規制などの前提条件
・目標収益

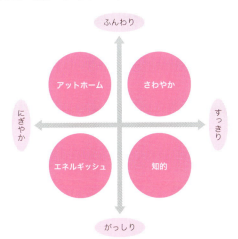

図2・21 住宅のインテリアスタイルのイメージマップ

表2・4 住宅デザインの打ち合わせ事項

①施主について把握すべきこと
・ライフスタイル、住意識、価値観
・好みのスタイル、嗜好性（図2・23）
・興味・関心のあること、美的感覚

②施主に提供すべき情報
・どんなものが売れているか
・使い方、メンテナンスなど
・色、柄の傾向
・使用者の口コミ情報

③施主の要望確認、実態調査
・現場の実測、状況確認
・家族の状況
・工期、予算、法規制などの前提条件

まずそれらの特徴を理解してコンサルティングを行っている。

業種には、①カフェやレストランなどの飲食業、②コンビニや専門店、百貨店などの物販業、③美容室やクリーニング店などのサービス業などがあり、業態には、大型ショッピングセンターから小さなブティックまでさまざまな経営形態と、店舗の形式がある。

参照：第3章5節「公共空間の計画」

3　住空間のインテリアデザインのコンサルティング業務

インテリアコーディネーターやインテリアデザイナーが住まいのインテリアデザインを手がける場合、施主である住まい手へのインタビューからはじまり、提案→折衝・調整→承認という流れになる。初回面談から続く施主とのやりとりは、コンサルティング業務ということになる。的確な提案のために施主の意向を正確にとらえ、十分に情報収集すること、また施主が決定するために必要な判断材料を適宜提供することが重要である（表2・4）。

以上のことが確認・把握できたら、空間イメージを具体的に構築していく（図2・21）。施主が、完成した状態を正しく理解できるように、CGなどで視覚的にリアルに伝え、常に誤解がないか注意を払わなければならない。家具や照明や設備機器といったエレメントを決定するときは、できる限り、施主をメーカーのショールームに案内して現物に触れてもらい、機能・性能、素材、色、形状などについて確認する。その上で提案内容をまとめてプレゼンテーションし、さらに微調整して計画を固めていく。

参照：第3章4節「住空間の計画」

施主はインテリアや建築に関する知識も経験も少ないので、問題点や、要望を明確に表現することができないことが多い。そのため、それらを引き出し、目標を見出すためのプロセスには誤解が生じやすいので要注意だよ。

参照：プレゼンテーション→第12章「パース（透視図）」

第3章 インテリアデザインの計画

インテリアデザインは、生活空間を使い勝手よく快適にするための技術である。見た目の美しさとともに機能的な空間となっているかを同時に考慮することが重要になる。本章では人間工学を基礎として、人間の空間に対する心理やデザインの中に、空間に求められる「機能」を満足するために必要な知識を学ぶ。

3・1 人間工学

1 人間工学とは

　人間工学とは、「使い勝手」を考えるための基礎となる知恵である。空間に求められる「機能」、すなわち「使い勝手」の科学のことを指す。たとえば、美しい椅子があったとしても、座り心地が悪い場合、椅子のデザインとしては失格となる。座り心地が悪いというのは、椅子の座面が高すぎたり、背もたれが低すぎたり、座面が固すぎたり、さまざまな原因が考えられる。人間の身長や体重、手足の長さ、身体の動きなどを数値でとらえ、空間や家具などの設計に活用していくための学問が「人間工学」である。人間工学は、人体の寸法を基本とするが、使う人の性別や年齢などによっても変化する。椅子の座面の高さが1cm上下するだけでも、座り心地に大きな変化を与える。

2 人体寸法と設計

　人間工学の基本となるのは、**人体寸法**である。人間の身体各部の寸法や重量、身体の仕組みや各部の動きを知る必要がある。
　まず身長については、成人であれば平均身長±5〜10cmに9割以上の人が含まれることを念頭に、適切なゆとりを加えた寸法を目

> 人間工学は、人体の寸法や仕組みを知ることで、人が無理なく使いやすい空間や環境を設計・デザインするための実践的な学問のことだよ。

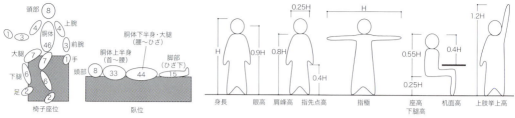

図3・1 人体各部質量比(文献1を基に筆者作成)　　図3・2 人体各部位寸法(文献2を基に筆者作成)

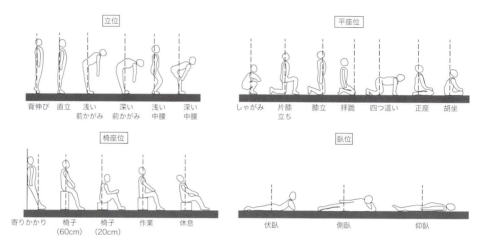

図3・3 立位、椅坐位、平座位、臥位(文献3を基に筆者作成)

安とする。たとえば出入口扉の高さは、人が立って出入りすることを考え、成人男子の平均的身長170cm＋10cm＝180cmに**ゆとり寸法**を加え、およそ200cm以上の高さで設計される場合が一般的である。

　身体の**重心高さ**も重要である。重心は身長の中心よりもやや上、へその少し下あたり、身長160cmの人であればおよそ90cmの高さになる。バルコニーの手すりなどは、落下防止などの安全性から重心より高くなるよう、110cm以上と法律で決められている。その他、肩幅や座高など、身体の各部寸法も目安として知っておくとよい。これらは身長にほぼ比例している。

　人間の体重については、全体重に対して各部がどのくらいの重さかという目安となる比率（人体各部質量比）がある。たとえば全体重を100％とすると、頭部の質量は8％、胴体は46％、椅子の座面にかかる質量は85％などである（図3・1）。

3　静的人体寸法（基本姿勢と寸法）

　じっとしているときの人体寸法のことを**静的人体寸法**という。身長に加え、立っているとき、座っているときなど、基本姿勢時の寸法を知ると設計に役立つ。

以前は日本人の成人男子の身長は165cm、成人女子の身長は155cmを目安として使っていたけど、最近特に成人男子は170cmくらいが平均的になっているね。

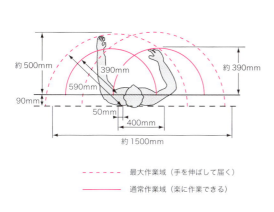
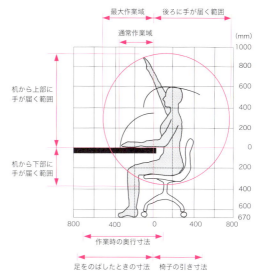

図3・4　水平作業域（文献4を基に筆者作成）　　図3・5　垂直作業域（文献4を基に筆者作成）

　立っているとき、座っているときなどの、人体の各部位の寸法は、身長に対して比例関係にある。たとえば、身長をHとすれば、肩幅は0.25H（身長の1/4）、肩の高さは0.8Hという具合である（図3・2）。これらを人体寸法の略算値といい、設計をする際に活用されている。

　空間の中で行われるさまざまな行為でとられる基本的な生活姿勢は、立位、椅坐位、平座位、臥位の4つに分類される（図3・3）。

　直立や歩行、前かがみなどは立位、椅子に腰かけたり、壁によりかかったりするものを椅坐位、下肢を折り曲げた姿勢を平座位、うつ伏せ、仰向けなど寝そべった状態は臥位という。

4　動的人体寸法と単位空間

　前項の静的人体寸法に対して、人の動きにともなう範囲の寸法を**動的人体寸法**という。

　人がある場所に立ち、身体の各部分を動かしたときの空間領域のことを、動作域（または作業域）という。動作域には、水平作業面上の手の動く範囲を示した**水平作業域**（図3・4）、手が上下に動く範囲を示した**垂直作業域**（図3・5）があり、それらを組み合わせると立体作業域になる。

　人の動作域に家具などのものの寸法を加え、動作に必要なゆとりを加えた空間のことを**動作空間**という。動作空間にゆとりを持たせることで、使い勝手を向上させることにつながることもあり、重要な空間寸法である。

人が腕を広げたときの長さは、自分の身長とほぼ同じ長さなんだよ。
手のひらの大きさとか腕の長さとか、自分の体の各部寸法を知っておくと、道具がなくても自分の体でおおまかな寸法を測れるんだ。

動作空間は、4つのことを順番に確認しながら考えていくんだよ。
①人体寸法
　動作を行う人が静止した状態の大きさを知ること
②動作域（作業域）
　人が静止した状態で必要な手足の動作を行ったときの寸法を確認すること（図3・4、3・5）
③動作空間
　動作域に家具の大きさやゆとりを加えて必要な空間の大きさを確認すること
④単位空間
　動作空間を組み合わせて各空間の大きさを確認すること

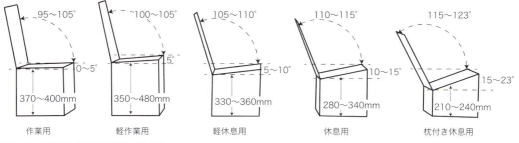

図3・6 用途による椅子の各部寸法の差

動作空間を組み合わせた、一連の生活行為に必要な空間領域を、**単位空間**と呼ぶ。トイレなどは、単一の動作空間として独立しているので、単位空間＝室空間といえるが、洗面脱衣室のような部屋だと、洗面を行う空間、着替える空間、収納から出し入れする空間など複数の動作空間を1つの室としてまとめた空間が単位空間になる。

5　家具・設備・ものの関係

クローゼットや引き出し、机や椅子などの家具や、洗面台やキッチン、トイレなどの設備、家具の上の置物やスタンドなど、空間には寸法も使い勝手もまったく異なるものが設置される。それぞれ使いやすくするには、空間内の各単位空間が成立し、単位空間として互いに必要とする空間が確保できるよう、人間工学を念頭に家具・設備・ものを設計し、配置を行う必要がある。

家具は、人の身体とものとの関係から形や寸法が決まるが、それらの関わり方により大きく3つに分類される（表3・1）。

椅子やベッドのように、人体を支えるための家具は人との関わりが強く、「**人体系（アーゴノミー系）家具**」という。テーブルや机など、ものを乗せ、作業をするような家具は、人とものと両方に関係するため「**準人体系（セミアーゴノミー系）家具**」と呼ぶ。また食器棚や書棚などは、さらに人体との関係が薄くなり、建築（設置できる空間の大きさなど）やもの（食器や本など）との関係が強くなることから、「**建築系（シェルター系）家具**」という。

また、用途によって家具の断面形状や寸法が変わってくる。椅子を例としてみると、作業時、軽作業時、軽休息時、休息時などそれぞれの用途に適した形状とする必要がある（図3・6）。

インテリア空間の中で、人が快適に過ごすためには、人体寸法と空間・家具・ものの関係を常に意識しながら、使いやすい空間寸法を確保し、それぞれが使いやすい関係になっているかどうか、人間

表3・1　家具の種類

分類	人体系家具（アーゴノミー系）	準人体系家具（セミアーゴノミー系）	建築系家具（シェルター系）
機能	人を支える	モノを支える	収納や仕切りをする
人とモノの関係	人		モノ
家具	椅子 ソファ ベッド	テーブル 作業台 カウンター	カップボード サイドボード クローゼット ついたて

文献5を基に筆者作成

椅子に座るときはどのくらいの寸法が必要なのか、収納を開けるときは収納の前にどのくらいのスペースが必要なのか、家具などを配置するときは、それぞれ使うシーンを想像してみるといいよ。複数の家具があるときはそれらを組み合わせて空間の設計をするんだ。

第3章　インテリアデザインの計画　31

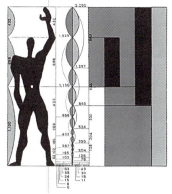

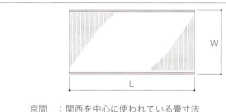

図3・7　モジュロール（出典：文献6）　　図3・8　畳寸法

工学を活用して設計することが重要となる。

3・2　尺度と心理

　空間の設計は、人体寸法のみならず、建築空間や構成材料の寸法や、人の動作のくせ、心理的な要因からも、大いに影響を受ける。

1　モジュールとモジュラーコーディネーション

　建材や設備などを生産する場では、モジュールという言葉がよく使われる。

　モジュールとは寸法あるいは規格化された寸法単位のことを指す。日本で古くから使われてきた尺貫法もモジュールのひとつである。

　日本の住宅設計では、3尺（約910mm）を基本モジュールとする場合が多く、たとえば建材の合板やボード製品などは、910mm×1820mmの大きさで生産されることが多い。

　日本では木割と呼ばれる寸法体系も用いられている。柱幅を基準とし、その他の部材の幅を、柱の1/2や2/3のようにして、比率を決めたものである。

　フランスの建築家ル・コルビュジエは、人体寸法を黄金比で分割したモジュロールという寸法体系を考案している（図3・7）。

　モジュールを使って、空間の大きさや構成材の寸法、配置などを決定していくことを、モジュラーコーディネーションという。モジュラーコーディネーションを使うことで、リフォーム時に規格寸法の建材への取り換えや間取り変更などが効率よく行えるようになる。

　日本の畳の寸法も優れたモジュールである。江戸間と京間、中京間など、地方によって畳寸法が異なるが、それは住宅の柱心を基準

尺貫法というのは、日本古来の計量法のことで、長さの単位は「尺」を使い、重さの単位は「貫」を使うんだ。
長さの場合は1尺＝約303mm、1寸＝約30.3mm。

黄金比というのは1つの線を分割するとき、a：b＝b：(a＋b)が成り立つように分割したときの比率のこと。
およそ、縦と横の比は、1：1.618なんだよ。

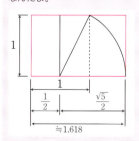

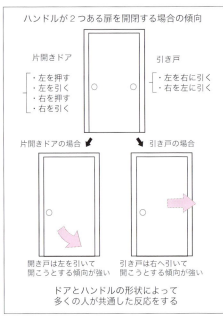

一般的にレバーハンドルなどは右回りの方が回しやすい

右側の方が回しやすい傾向にあるため、混合栓の湯は比較的回しにくい左側に設置することで安全性を高める

図3・10 ポピュレーション・ステレオタイプの例②（ドア・水栓）

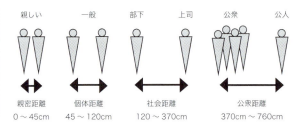

図3・9 ポピュレーション・ステレオタイプの例①
（文献5を参考に筆者作成）

図3・11 人と人の距離

として部屋の大きさを決める柱割、畳の寸法を基準として部屋の大きさを決める畳割などのモジュールの考え方が地方によって違うことが影響している（図3・8）。

2　人間の行動・癖

　人の動作は、一見すると共通性がないように見えるが、多数のデータをとって観察してみると、共通性が見られることがある。このように多くの人が動作を行う場合の共通した癖や特性のことを**ポピュレーション・ステレオタイプ**という。

　たとえばハンドルや水栓などを回すとき、一般的には右利きの場合、右手で右回りに回転させる方がやりやすい。そこで、ドアは右回りで開くようになっており、水栓などは節水の意味もあり、右回りで閉まるようになっている（図3・9、3・10）。

3　人と人の距離の心理的要素

　人は、相手との親密度や社会性などの関係によって、物理的距離の感じ方が変化する。文化人類学者のエドワード・ホールは、人と人との距離を、以下の4つに分類している。それは、①親しい関係「密接距離」（0〜45cm）、②一般的な関係「個体距離」（45〜120cm）、③上司と部下など社会的な関係「社会距離」（120〜370cm）、④公

ポピュレーションとは、母集団のことを指す言葉で、特定の人たちではなく、多くの人のことを考えることを意味するんだよ。

第3章 インテリアデザインの計画　33

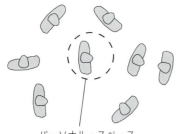

図3·12　パーソナル・スペース

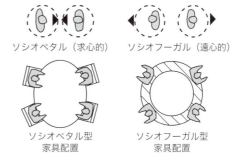

図3·13　ソシオペタルとソシオフーガル

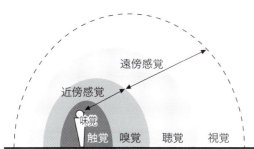

図3·14　五感と距離（文献2を基に筆者作成）

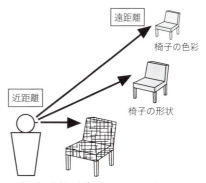

図3·15　視覚とインテリア

式な場などでの距離「公衆距離」（370〜760cm）の4つである（図3·11）。インテリア空間では、利用者のお互いの距離感覚を念頭に入れて計画することが重要である。

4　個人と集団の距離

人には他人に侵入されたくない領域がある。環境心理学者ソマーは他人に侵されたくない目に見えない領域空間を**パーソナル・スペース**と名づけた（図3·12）。

また複数の人が同一空間にいる場合、目的に応じて異なる集合の形をとる。人と人とがコミュニケーションをとりやすい配置状態を「**ソシオペタル**（求心的）」、逆に互いのプライバシーを守り、各々の行動に集中しやすいような配置状態を「**ソシオフーガル**（遠心的）」という（図3·13）。

個人の心理的な距離を見極めた上で、複数の人が集まる場合の椅子の配置状態などインテリア空間の計画をすることが重要である。

5　空間の知覚とスケール

人間の感覚には、**五感**（視覚、聴覚、嗅覚、味覚、触覚）がある。

エドワード・ホールによる4つの分類によれば、たとえば2人の人が椅子に座って話をする場合、2人の心理的な関係によって必要な物理的距離が変わることになるんだ。たとえば、密接距離の関係の2人だったら2人が座れるソファ1台設置すれば十分だけど、社会距離の関係にある上司と部下の関係だと、1m程度の机をはさんで座るくらいの位置関係を想定することが適切、ということになるよ。

会議や食事をするときに、お互いに向かい合ったり、隣り合ったりするのがソシオペタル。逆に他人と距離を置いたり、お互いに背中を向けるような関係をソシオフーガルというんだよ。

空間を快適にするためには、人間が感覚的に快適だと感じさせる必要がある。五感の中でも、空間を判断する重要な感覚は視覚である（図3・14）。視覚はかなり距離が離れているところの刺激も感受することができる（遠傍感覚）。距離によっては素材感やディテールが感じられないこともあるが、視覚は実際に立っている位置から、手の届かないところでも色や形状などを感じることができる（図3・15）。したがって空間においては、目に見えるデザインが重要になる。ただし、視覚を重視するあまり、聴覚や嗅覚を無視すると、時に空間内に不快な音や、臭いなどの発生を見過ごしてしまうことがあるので、他の感覚も含めて計画時に注意することが必要である。また床や壁、家具の素材などは、人が直接手足で触れる場合もあり、その素材の触感や室内の温熱環境に対する肌感覚も重要になる。

　また、視覚はインテリアの色や素材、模様などのデザインによって、同じ大きさの空間でも奥行や天井高が広く見えたり狭く見えたり、錯覚を起こすことがある。たとえば奥行方向に延びたストライプ模様の壁などは、実際の奥行寸法よりも広く感じさせることがあるし、天井方向に延びたストライプは高さを感じさせることがある。

　人間が空間に対し、どの感覚を使ってどう感じるかを常に意識しながらインテリア計画を行う必要がある。

距離が離れていても、刺激を受けられる感覚を「遠傍感覚」というんだ。視覚や聴覚は遠傍感覚になるね。逆に直接手足で触れるなど、近距離で刺激を受ける感覚は「近傍感覚」と呼ぶんだよ。たとえば、味覚・触覚・嗅覚は近傍感覚になるんだ。

3・3　インテリア空間の性能と安全性

1　インテリアの性能

　どの程度のグレード（性能・品質）の空間を実現したいかについて、計画段階からインテリアデザイナーと施主との意識を共有しておくことが重要である。その目安として、空間の性能について客観的な指標をいくつか紹介する。

　インテリアに使用する建材に関する指標となる規格には、JIS（日本工業規格）がある（図3・16）。JISは工業標準化法に基づき、標準化された規格を定め、適合する製品にJISマークを表示させる。また合板・集成材・フローリングなど農林水産物を原材料とする建材については、農林物資の規格化及び品質表示の適正化に関する法律（JAS法）に基づく規格がある。適合している場合はJAS（日本農林規格）マークを表示することができる。どちらも、建材によって必要な性能レベルを満たしているか、客観的に確認することができる。

　住宅の場合は、住宅の品質の評価基準を示すため、「住宅の品質確

特定側面：環境、高齢者・障害者への配慮など特定の側面について認証される。

鉱工業品　　　加工技術　　　特定側面

図3・16　JIS（日本工業規格）マーク（日本工業標準調査会による）

住宅性能評価表示項目一覧

①構造の安全に関する性能
②火災時の安全に関する性能
③躯体等の劣化の軽減に関する性能
④維持管理への配慮に関する性能
⑤温熱環境に関する性能
⑥空気環境に関する性能
⑦光・視環境に関する性能
⑧音環境に関する性能
⑨高齢者等への配慮に関する性能
⑩防犯に関する性能

申請および評価のフロー

建築主・設計事務所・工務店など → 申請 → 指定住宅性能評価機関 → 交付 → 建築主

設計性能評価 → 設計
中間検査 → 施工
完了検査・性能評価 → 竣工

図3・17　住宅性能表示制度

保の促進に関する法律（品確法）」の中に、住宅性能表示制度が設けられている。住宅全体として、構造の安全や火災時の安全、劣化対策、空気環境など、10項目（図3・17）にわたって評価項目が挙げられており、それぞれ性能基準がある。それらを設計や施工段階で第三者である指定住宅性能評価機関の検査を受け、基準にもとづきその住宅のグレードを項目ごとに評価してもらう。インテリア空間の中にも該当部分があれば、その内容のグレードを客観的な指標で施主に伝えることができる。

品確法ができることで、自分の住まいがどのくらいの性能を持っているか、客観的にわかりやすくなったんだよ。

2　インテリアの安全性

インテリアの性能の中で、**安全性**は、人の命に関わる重要な項目である。計画されているインテリア空間の中で、人々の生活を守り、安全に過ごすことができるように考える必要がある。

安全性には主として、非常災害に対する安全性と、日常災害に対する安全性が挙げられる。

表3・2 日常災害の種類

型		種類	関連する要素
日常災害	落下	墜落	手すり・窓・窓手すり
		転落	階段・バルコニーなど
		転倒	床仕上げ・床段差
		落下物による打撲	天井・壁・照明器具など
	接触	ぶつかる	開き戸・引き戸・窓など
		挟まれる	開き戸・引き戸・窓など
		こする	壁仕上げ
		鋭利なものによる傷害	ガラス・金物など
	危険物	やけど・熱傷	熱源とその周辺
		感電	電気設備・器具
		中毒・酸欠	ガス設備・器具
		溺水	浴槽・池など

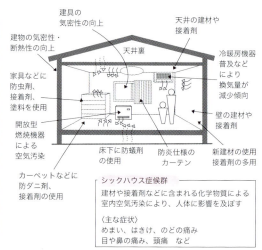

図3・18 住まいの中のシックハウスの原因

　まず火災や地震などの非常災害対策として何をすべきだろうか。

　火災に対しては、材料が燃えにくいかどうか、火災時に有毒ガスなどを発生しないか、逃げやすい避難通路になっているか、などを確認し、対策を行うことが考えられる。地震に対しては、家具や家電などが転倒したり、落下したりしないか、避難通路を家具などがふさぐ可能性はないかといった点を考慮し、安全性に配慮された家具を選んだり、転倒防止金物を設置するなどの対策を行う。

　次に日常災害は、落下型（墜落、転落、転倒など）、接触型（ぶつかり、挟まれ、こすりなど）、危険物型（やけど、感電、中毒、酸欠、溺水など）と大きく3つに分類される（表3・2）。階段で滑って落下、浴室で転倒、浴室で溺れるなど、床材の種類や手すりの有無などにより、思いもよらない事故が発生することがある。たとえば水で濡れても滑りにくい材料にする、ゆるやかな勾配の階段にするなど、日常生活での災害を予測し、対策を施すことが重要である。

　その他、健康障害が起こる可能性があることとして、室内空気環境への対策も必要である。たとえば内装材や家具から化学物質が出ることでシックハウス症候群を引き起こすことがないよう、一定基準以上の建材を用い、室内の換気計画を行うことが重要である（図3・18）。

　また、防犯対策も重要である。扉にガラス窓がついている場合は鍵との距離を検討し、ピッキングしにくい鍵かを確認する。また電気錠やダブルロックを推奨する、ガラスを合わせガラスにする、サッシに補助錠をつけるなど、必要に応じて、施主と話し合って対策を講じることが重要である。

> インテリアにはとても多くの材料が使われているよね。材料そのものが有害物質を発散してないか、材料の取りつけ方で事故が起こりやすくなっていないかなど、インテリアをデザインするときには安全性を常に考えることが大事なんだ。

図3·19 住宅のリビングダイニング

3・4 住空間の計画

　最も身近なインテリア空間は、住まいのインテリア空間である。住宅の種類や特徴を知ることで、インテリア計画をより質の高いものとすることが可能になる。

1　住まいの機能
　住まいは、もともとは洞窟や竪穴住居などのように、雨風や外敵から身を守るためのものである。現代ではそれが進化し、人がその空間の中で、ある程度長い時間を快適に過ごすことができるよう、さまざまな機能が備えられている。住まいの主たる室には、住まい手がくつろげるリビング、食事をするダイニング、食事をつくるキッチン、寝室や子ども部屋などの個室、浴室・洗面室・トイレなどのサニタリースペースがある。

2　ライフスタイル・ライフステージ
　住まいのインテリア計画を行うには、住まい手の**ライフスタイル**を知る必要がある。ライフスタイルとは暮らし方のことを指し、働き方や価値観、趣味、習慣、生活リズムなど、住まい手の生き方に通じる。複数人が暮らす場合は、各々のライフスタイルと、共通のライフスタイルを把握し、それらに合わせて計画することが重要で

図3・20 戸建住宅

図3・21 集合住宅

ある。また経年によってライフスタイルは変化する。たとえば夫婦から、子どもが生まれ、成長し、子どもが独立、その後高齢の両親と同居、あるいは働き方が変化するなど、人生のそれぞれの段階のことを**ライフステージ**という。

インテリア計画を行う時点でのライフスタイルだけではなく、将来のライフステージを想像しながら、ステージが変わったときにそのライフスタイルに合わせて住まいを柔軟に変化させられるように前もって考えておくことが重要である。

3　戸建住宅と集合住宅

住まいには、さまざまな形式があり、大きく戸建住宅と集合住宅に分類される。戸建住宅は、1つの住まい単位が独立した建物になっている形式のもので、平屋建て、2階建て、3階建て、地下室付きや、二世帯住宅、**コートハウス**などさまざまなタイプがある。

集合住宅は、住戸が2戸以上集まって1つの建物となっているもので、住戸の構成によって多様な種類がある。一般的なのは、アパート、マンションと呼ばれるもので、それ以外にも、コーポラティブハウス、テラスハウス、タウンハウスなどがある（図3・22、3・23）。

戸建住宅も集合住宅も、1つの単位としての住戸内部の機能は同じだが、集合住宅の場合は、廊下や階段、共用設備などを共有しているため、リフォームする場合などに許可が必要になったり、制約条件が生じたりする場合がある。

4　空間の連続性

1住戸の住まいの内部計画については、戸建・集合住宅とも、機能と考え方は共通しており、住まい手ひとりひとりが必要とする単

住まい手のライフスタイルによって、同じ空間を設計しても、居心地が良かったり悪かったりすることがあるよ。狭い空間が落ち着いて居心地の良い人もいれば、広々した空間が開放的に感じて好きな人もいる。住む人がどのようなことを大切にしているかを知ることで、その人に合った、居心地の良い住まいを設計することができるんだね。

コートハウスというのは、建物や高い塀などに囲まれた庭「コートヤード」を持つ住宅のこと。住まいの空間を囲むようにつくることで、視線や音など近隣からの影響を受けにくくし、プライバシーを守ることで住環境を良くするというコンセプトでつくられたんだ。

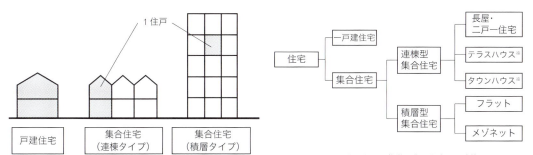

図3・22　戸建住宅と集合住宅　　　　図3・23　住宅の類型

位空間の大きさと形状を考え、その位置関係を考える（ゾーニング）ところから始まる。

外部との接点で、**パブリック**性の高い玄関、それに続く廊下、家族が共通して利用するリビングダイニングのような**セミパブリック**な空間、寝室や個室、浴室やトイレなどの**プライベート**空間など、それぞれの空間がどのように連続し、どのように建具や間仕切りで区切れば使い勝手が良くなるのかを考える必要がある。

たとえば、リビングとダイニング空間はまとめた方が良いのか、分けた方が良いのか、キッチンとダイニングはオープンが良いのか、キッチンを独立させた方が良いのかなど、家族それぞれのライフスタイルと価値観によって、空間のしつらえ方が変わってくる。

住宅の中にはいろんな空間（ゾーン）がある。玄関やリビングダイニングなど、住まいの中の必要な空間を、どのような位置関係にしていくかを考えることをゾーニングというんだよ。

3・5　公共空間の計画

インテリア計画には、住まいだけではなく、さまざまな公共空間の計画もある。公共空間の性質が違えば留意点も異なる。

1　オフィス

オフィスには、企業の考え方をきちんと反映したインテリアが求められる。

エントランス付近のインテリアは、来客者や顧客に対して、企業イメージをアピールするデザインを実現する必要がある。

執務空間は、コミュニケーションを重視した**オープンタイプ**、プライバシーを優先させた**クローズタイプ**があるが、いずれも執務に集中できるように配慮したデザインとする。それ以外に、会議室や役員室、スタッフのための更衣室やリフレッシュルームなど、オフ

私たちは、さまざまなインテリア空間で過ごしながら暮らしているよね。住まいだけではなくて、オフィスや学校、ホテルなどの空間のインテリアの工夫についても知っておきたいね。

図3・24　オフィス

図3・25　ホテルのロビー

ィスを支えるためにはさまざまな室が必要であり、それぞれの機能にふさわしいデザインが要求される。

2　学校

　学校には、小学校、中学校、高等学校、大学、専門学校など、さまざまな種類がある。学校によって、学生の年齢や身長も違えば、教室に入る人数などもさまざまである。教室は学習に集中できるよう、色彩や素材計画に気を配ると同時に、温熱環境、音環境、光環境など、学習を阻害しない配慮が必要である。

　教室には美術室や音楽室といった特別教室などもあり、教室以外にも、教職員室、昇降口、階段、廊下、便所など、学校での生活を支える空間には、それぞれの機能を満足する計画が求められる。また、学生、教職員など、学校を利用する人たちが安全に過ごせるよう、廊下や階段の寸法にもゆとりを持たせ、手すりを設置するなど、安全性に対する配慮も必要になる。

3　ホテル

　ホテルは、利用客が非日常のサービスを受ける場所である。どのようにして快適な時間を過ごしてもらうかが最も重要といえる。

　ホテルには、客室をメインとしたビジネスホテルから、宴会場や結婚式場、レストランや物販店などを併設した複合形式の大型ホテルまであり、部屋数、従業員数、広さ、階数などもホテルによってさまざまである。

　各々のホテルのコンセプトを念頭に、それに沿ったインテリア計画を行うことが重要である。フロントやエントランスは、ホテルの顔となる場所であり、そのコンセプトをインテリア計画にも反映さ

> ホテルや病院は、旅行客や患者など利用する人たちが快適に過ごせることと、その快適さを支えてくれるスタッフが働きやすくなることが大事だね。

図3・26　ホテルのフロント　　　　　　　　図3・27　木のぬくもりを感じる福祉施設のデイルーム

せる必要がある。客室では、その室内で宿泊客がどのように過ごすかを想像し、非日常を楽しめるインテリア計画が必要となる。

4　病院・福祉施設

　病院・福祉施設にはさまざまな種類がある。まず病院には、ベッド数が19床以下の診療所から、個人病院、特定診療科の病院、診療科が多岐にわたる大規模病院まであり、規模も機能もさまざまである。病院・診療所は、けがや病を治療するために訪れる場所なので、利用者が少しでも安心して過ごせるように、機能の満足と安全性に加えて癒されるデザインが求められる。

　一方福祉施設にも、高齢者向けの施設や障害者向けの施設、児童のための施設など、利用者や人数・規模も含めて、さまざまな施設がある。福祉施設は、高齢者・障害者・児童などの利用者が快適に過ごせることが重要である。福祉施設には、生活の拠点となるような老人ホームや障害者向け入所施設もあれば、デイサービスや作業所、保育所のように、必要な時に通う施設もある。それぞれ利用者の滞在時間や出入りの頻度にかなり幅があるが、利用者が住まいのようにゆったりとリラックスできるような空間計画が重要になる。

5　駅・交通機関

　駅や交通機関には、年齢や性別もさまざまな不特定多数の人々が訪れる。初めて訪れる人たちが、迷うことなく目的の場所へ到達できるように、インテリアにも工夫が必要になる。車椅子や松葉づえを使っていたり、ベビーカーを押したりしている利用者も、安心してゆとりを持って利用できることが求められる。また、人々を誘導するための色彩計画や、案内板なども必要な場所にわかりやすく配

図3・28 天井が高くゆとりある駅のコンコース　　図3・29 複合商業施設の吹き抜け

置することが重要である。

6　複合商業施設

　近年、建築の用途は複雑化かつ複合化している。前項までに各施設の特徴などを紹介したが、それらが1つの建物としてまとまって複合化した施設も増えてきている。たとえば、ショッピングモールのように、店舗やレストランに加えてクリニックなどを併設している場合や、駅ビルに直結したオフィスと商業施設、ホテル、ホール、美術館などを併設した複合施設もある。

　施設の事情に合わせてそれぞれ特化した建築単位空間の計画を行う必要があるが、それらが上下階、もしくは同一フロアに接続することによって、何らかの制約条件が生まれることもある。複数用途の空間が併設している場合は、建物全体のイメージに加え、その中にそれぞれの施設のインテリアイメージを組み込んでいくことになるので、全体的な調和に配慮してインテリア計画を行う必要がある。

参考文献
1) インテリアデザイン教科書研究会編著『インテリアデザイン教科書』（彰国社、1993）
2) 小宮容一・片山勢津子・ペリー史子・加藤力・塚口眞佐子・西山紀子『図解テキスト　インテリアデザイン』（井上書院、2009）
3) 日本建築学会編『建築設計資料集成3　単位空間I』（丸善、1980）
4) 尾上孝一・小宮容一・妹尾衣子・安達英俊『完全図解　インテリアコーディネートテキスト』（井上書院、1995）
5) 小原二郎・加藤力・安藤正雄 編『インテリアの計画と設計　第二版』（彰国社、2000）
6) Willy Boesiger, *Le Corbusier Oeuvre complete Volume5*, Birkhauser Publishers, 1995.

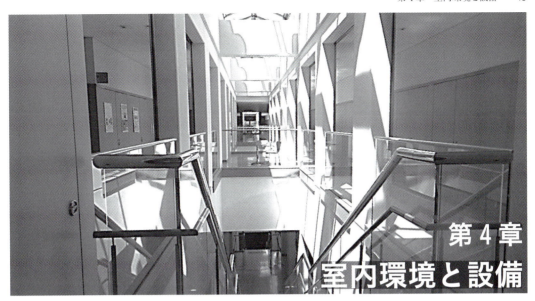

第4章 室内環境と設備

インテリア計画は、色彩計画や仕上げの素材感、デザインの優れた家具など、目に見える部分のデザインの美しさにとらわれがちだが、目には見えなくても室内の環境を整えることは快適性に直結する。

4・1 熱環境

室内が暑い、寒いといった環境では、いかにインテリアが美しくても快適に過ごすことができない。快適な熱環境についても考える必要がある。

1 熱の伝わり方（伝導・対流・放射）

インテリア空間の中で暑さや寒さを感じる要因には、温度、湿度、気流、放射（輻射）の4要素が影響する。その他、人の体温差、着衣量、活動の内容によって感じ方が変わる。インテリア空間の設計者が熱の動きを知り、熱環境の整ったインテリア空間を設計できれば、空間そのものを快適な環境にすることが可能となる。

熱は、高い方から低い方へ移動する。熱の移動方法には3つあり、物体を介して熱移動をするものを「伝導」、空気や液体など流動的な物体の動きによって伝わるものを「対流」、離れた物体間での伝達を「放射（輻射）」という。

2 熱貫流率

熱が単体の物質の中で、どのくらい伝わりやすいかを示した数値を「熱伝導率」といい、単位はW/m・Kである。インテリア空間の

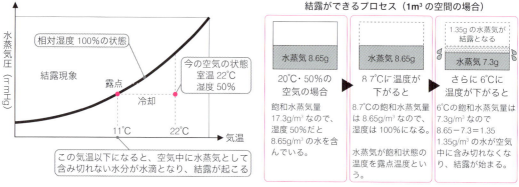

図4・1 略式空気線図

図4・2 結露のメカニズム

壁や床などは、いくつかの材料を重ね合わせて構成されているため、単体の物質の熱伝導率だけでは、空間を囲む壁や床などが、熱を伝えやすいのか伝えにくいのかが判断できない。そこで、壁や床など、複合して構成されているものに対しては、「熱貫流率」という数値を使って示す。単位はW/m²・Kである。熱貫流率とは、部材の熱の伝わりやすさの数値で、部材が複合化された場合も、構成材料がわかれば計算することができる。

> 熱の伝わりやすさである熱伝導率の単位W/m・Kとは、一つの材料で厚さが1m、両側の温度差を1℃としたときに、1m²の材料を通過する熱量Wのこと。1m²あたりの伝わりやすさなので、材料厚さと両側の温度差に比例する。

> 熱貫流率は、床・壁・窓などの断熱性能を表し、両側の温度差を1℃としたときの部位1m²を通過する熱量のこと。厚さは構成する材料による。

4・2 室内環境

室内環境は、前節に示した温度、湿度、気流、放射（輻射）の4要素の状態をコントロールすることで、熱環境を整え、快適性を向上させることができる。

1 湿度と結露

日本の気候は、夏は高温多湿、冬は乾燥するため、室内の快適性を向上させるには、湿度のコントロールが重要となる。

湿度とは、空気中の水蒸気の割合を示すが、湿度には相対湿度と絶対湿度という指標がある。相対湿度とは、乾いた空気に含むことのできる最大水分量（飽和水蒸気圧）に対して、測定地点の水分の割合を示したもの、絶対湿度とは、空気1kgに含まれる水分の重量を示したものである（図4・1）。人が感じる湿度は、相対湿度に近いので、一般的にはこちらの数値を利用する。

水分を含む空気が、急激に冷やされ、飽和水蒸気圧が下がることによって、空気中の水分が水滴となって現れる現象を「結露」という（図4・2）。空気の温度が下がるのに比例して飽和水蒸気圧が下が

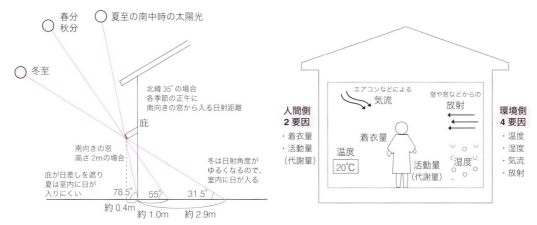

図4・3 庇等による日射量のコントロール　　図4・4 温熱感覚に影響する6要因

るので、気温が下がれば、結露が生じやすくなる。結露はカビや腐敗の原因にもなるため、室内で急激に温度が下がらないように**断熱性・気密性**を上げたり、結露で建物構造が傷まないよう室内側に防湿シートなどを施して室内の水蒸気が構造材に達しない工夫をするといった対策を講じる必要がある。

2　断熱、気密、日射（日照・採光）、熱容量、有効温度

室内の熱環境をコントロールするには、さまざまな方法がある。

- **断熱**：インテリア空間を囲む壁や床、天井などの熱貫流率を下げ、内部から熱が逃げにくいようにすることで、室内の温度を一定に保ちやすくする。
- **気密**：空気が動くことにともなって開口部などの隙間から逃げる熱を少しでも減らすため、壁や床・天井の**気密性**を向上させ、隙間風が入らないようにする。
- **日射量**：外部から出入りする熱として、日射の量は影響が大きい。夏場は庇やブラインドなどで遮る、冬場は窓から日射が入りやすくなるように庇の角度を工夫するなど、日射熱をインテリア空間の熱環境コントロールに利用することもできる（図4・3）。日射と同時に、室内の日照・採光もコントロールすることになる。
- **材料の熱容量**：物質の温度を上げるために必要な熱量を**熱容量**という。コンクリートなど、熱しにくく冷めにくい材料は熱容量が大きいといい、熱容量が大きい材料は一度温度が上がると、冷めるのに時間がかかるので、蓄熱の機能を果たすことができる。冬場、窓からの日射を受ける部分の床を、コンクリートなどの熱容量の大きい材料にしておくと、昼間に暖まった床が、夜になってもゆっくり

> **気密性**：1時間で1m²あたり何m³の空気が漏れるかを調べる。窓のサッシなどでは、JISによって気密性のグレードが定められている。
>
> **熱容量**：単位温度1K（ケルビン）上げるのに必要な熱量で、単位はJ（ジュール）/Kまたはcal（カロリー）/K。

熱を発散し、室温を保つのに役立つ。室内熱環境を快適にするためには、人間の温熱感覚を知る必要もあるが、周辺の熱環境によって、感覚が左右される。夏、湿度が高くなると、同じ気温でも暑く感じるし、湿度が高くても、気流があると涼しく感じる。

・有効温度・新有効温度：人間の温熱感覚を比較するための指標に有効温度と新有効温度がある。有効温度とは、温度と湿度、風速によって決まる指標であり、新有効温度は有効温度をより詳細にするため項目を増やし、温度、湿度、気流、放射熱、人の活動量（代謝量）、着衣量により算出する指標である（図4・4）。これらの項目は、温熱感覚に影響する6要因として知られる。

3　換気と通風

人間が発する二酸化炭素に加え、暖房や喫煙などによって、時間が経つにつれ、室内の空気は汚染されていく。室内の空気を清浄化するためには、空気を流通させる「換気」が必要である。換気には「自然換気」と「機械換気」がある。自然換気は、窓などを開けて行うもので、機械換気は換気扇などで強制的に換気を行うものを指す（p.51、図4・11）。

「通風」は、換気を利用して、室内に風を通すことである。窓を開けたときに自然に風が通るためには、外部の風速や風向きなどを把握し、窓を効果的に配置する必要がある。［→本章5節「換気」］

4・3　音環境

室内環境の良し悪しは、音環境にも左右される。

音は、固体、液体、気体の中に振動として伝わるもので、人間の耳で聞くことができるものを指す。

1　音の伝わり方（入射、反射、吸収、透過）

音は、壁などの物質に対して、さまざまな角度から入射し、その一部が物質の表面で反射される。固いものに音がぶつかると、反射しやすくなる。音がぶつかる物質によっては、それを物質内に吸収することもあるし、透過することもある（図4・5）。建築の壁などの物質を振動させて伝わる音を固体伝搬音といい、コンクリートの壁を伝わって、離れた場所へ音が伝わることがある。

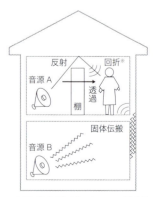

※回折：波動が障害物によってその障害物の背後などに回り込んで伝わっていく現象のこと。

図4・5　音の伝わり方

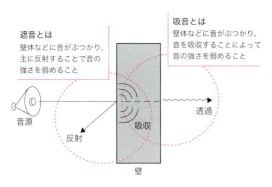

図4・6 遮音と吸音(文献1を基に筆者作成)

図4・7 音の伝わり方と室内

2 音の強さ、高さ、音色

音は「強さ」「高さ」「音色」の3つの属性によって示される。

音の強さには、デシベル（dB）という単位が主に使われる。人が感じる音の強さ（大きさ）は、音のエネルギーに比例するのではなく、エネルギーの対数に比例する。また音の強さは、音源からの距離の2乗に反比例して減少する。

音の高さは1秒間に振動する回数（周波数）で測られ、ヘルツ（Hz）という単位で示される。人の耳には20Hz～20000Hzの範囲の音が聞こえており、音程が1オクターブ上がると周波数は倍になる。

同じ大きさや同じ高さの音でも、印象が異なることがある。人の耳に感じられる、音の性質の違いのことを音色という。

音の強さレベル（dB）
$= 10 \log_{10} \left(\dfrac{\text{任意の点の音の強さ}I}{\text{基準値}I_0} \right)$

基準値I_0は、人間の最小可聴値である10^{-12}(W/m²)を指す。

同じ大きさ・高さの音でも、音の波形が違えば印象は違うんだ。楽器が違えば印象が違うのも、音の波形が違うからで、その違いを音色というんだよ。

3 遮音、吸音、残響

音の強さが遮られて減少することを遮音といい、音が壁などの物質に吸収されて強さが減ることを吸音という（図4・6）。室内の音環境を快適にするには、壁などの遮音性を高め、音を遮る必要がある。コンクリートのように、隙間なく施工した場合は遮音性が高いが、古い家屋などのように隙間があると、遮音性が低く、隣家などの音が聞こえやすくなる。集合住宅などは、上の階の音が下の階に伝わりにくくするために、床材の遮音性を高くする必要がある。遮音性の指標はLで表される（表4・1）。

音を反射しやすい材料を、壁や天井などに貼ると、反射音のために人の声や音などが聞き取りにくくなる（図4・7）。学校の教室や会議室など、人の声をきちんと聞きとる必要がある空間には、吸音板など吸音性能の高い材料を内装材として採用して、反射音を吸収するなどの配慮が必要になる。

遮音とは、外から音が伝わるのを何かで遮ることで、吸音とは、音による空気の振動が壁材などにぶつかってエネルギーを失うことで音が弱められることなんだ。方法は違うけど、どちらも音が弱められるんだよ。

表4・1 材料と音（フローリングの遮音等級）

遮音等級	椅子、物の落下音など	集合住宅の生活状態
L-40	ほとんど聞こえない	気がねなく生活できる
L-45	サンダル音は聞こえる	少し気をつける
L-50	ナイフを落とすと聞こえる	やや注意して生活する
L-55	スリッパでも聞こえる	注意すれば問題ない
L-60	箸を落とすと聞こえる	お互いに我慢できる程度
L-65	10円玉を落とすと聞こえる	子どもがいると下階から文句がでる

集合住宅の場合、L-60以上の遮音性にしないと問題になる。一般的にL-45と定めていることが多い。

表4・2 室内許容騒音レベル

dB(A)	20	25	30	35	40	45	50	55	60	80	100	120
うるささ	無音感		非常に静か		静か		騒音を感じる		騒音を無視できない			
会話・電話への影響 聴覚的な目安など	きわめて静か		・5m先のささやき声が聞こえる ・静か		・10m離れて会話可能 ・電話は支障なし ・静か		・普通会話（3m以内） ・電話は可能 ・普通		・大声会話（3m） ・電話やや困難 ・普通	うるさい	きわめてうるさい	聴力機能に障害
騒音例	木の葉のすれ合う音		・郊外の深夜 ・ささやき声		・市内の深夜 ・図書館内 ・静かな住宅地の昼		・静かな事務所 ・木々のざわめき		普通会話の声	地下鉄車内	・自動車の警笛 ・鉄道ガード下	飛行機のエンジン近く
スタジオ	無響室	アナウンススタジオ	ラジオスタジオ	テレビスタジオ	主調整室	一般事務室						
集会・ホール			音楽室	劇場（中）	舞台劇場		映画館・プラネタリウム		ホール・ロビー			
病院			聴力試験室	特別病室	手術室・病院	診療室	検査室	待合室				
住宅				書斎	寝室							
ホテル					客室		宴会場	ロビー				
一般事務室				重役室 大会議室	応接室		小会議室		一般事務室	計算機室		
公共建物				公会堂	美術館・博物館	図書閲覧	体育館		屋外スポーツ施設			
学校・教会				音楽教室	講堂・礼拝堂		研究室・普通教室		廊下			
商業建物					音楽喫茶店・書籍店 宝石店・美術店		一般商店・銀行 レストラン・食堂					

文献2を参考に一部加筆修正

　逆にホールなど、音楽を楽しむような場所では、必要に応じてある程度音が響くことが必要になる。室内の内装材で反射した音が、連続的に響き続けることを「残響」という。室内の音を止めてから、音の強さが60dB下がるまでの時間を「残響時間」と呼ぶ。一般の居室の残響時間は0.5秒程度だが、室内楽を聴く場合は1〜1.5秒、教会音楽の場合は1.5〜2秒が最適といわれている。

ホールには適切な残響時間があるから、コンサートなどの音の余韻が楽しめるんだよ。

4　騒音

　生活する中で、不快に感じる音のことを「騒音」という。騒音の大きさは、デシベル（dB）を人間の聴覚に合わせて補正し、dB(A)（A特性の補正値）で表される。住宅地では、35〜40dB(A)が許容

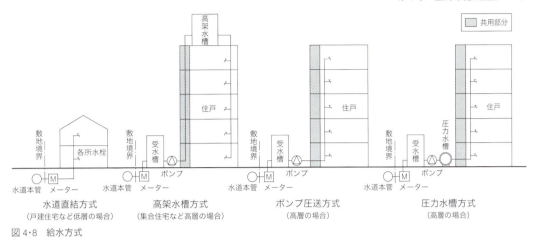

図4・8 給水方式

騒音レベルといわれ、それを超えると、騒音として感じるようになる。目安として、普通の会話程度で50～60dB(A)、電車の中で80dB(A)、電車のガード下などは100dB(A)になる（表4・2）。

4・4 給排水

快適な室内環境実現のために設備は重要な役割を担う。中でも水は、人間の生活の中で欠かすことができない。どのように建物の中へ給水し、汚れた水を排水するのかについて知る必要がある。

1 給水の種類

上下水道の整った地域に建つ建物の場合は、建物内に水を供給するために、上水道から給水する。給水の方式は、建物の規模や形状により異なる（図4・8）。低層建物の場合は、上水道から直接引き込む「**水道直結方式**」が比較的多い。集合住宅など高層の建物の場合は、直接引き込んでも上層階では水圧が不足して水が出ないことがあるため、ポンプで建物の屋上に水を圧送し、重力を利用して各階に水を供給する「**高架水槽方式**」、加圧ポンプなどで上層階まで水を圧送する「**ポンプ圧送方式**」「**圧力水槽方式**」などが採用される。

2 水質管理

水質管理は、各地域の水道局で行われるが、建物内の水質管理は、給排水管の接続方法によって、給水管に排水が混流したり、水があふれて排水が逆流したりしないように気をつける必要がある。また給水圧が高すぎると、水栓を開け閉めしたときに衝撃が起こる**ウォ**

表4・3 給湯方式

設置場所	ボイラーの種類	特徴	エネルギー
局所式 （各所にボイラー設置）	瞬間式ボイラー	比較的小型のボイラーによって、一般住戸など狭い範囲に給湯する。	ガス給湯器※
	貯湯式ボイラー	貯湯槽の大きさによって、大量給湯が可能。貯湯槽の設置スペースが必要。	電気式貯湯槽
中央式 （1か所にまとめて設置）		ホテルなど大規模建築の場合、建物全体の、もしくは複数室を含むエリアごとでまとめて温水をつくり、各場所に供給する。	ガス式 電気式　など

※ガスの瞬間式ボイラーの給湯能力は、号数で表す。
・1号とは、1ℓの水を1分間に25℃温度を上げて出湯する能力を指す。それは25kcal/分または1500kcal/時に相当する。
・一般住宅で、3か所同時に給湯が必要な場合は24号以上が必要になる。

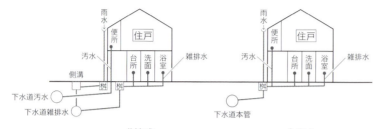

図4・9　排水方式

―ターハンマーという現象が発生し、配管を傷める原因になるので、給水圧の調整なども重要である。

3　給湯

　給水管からの水を給湯器などで沸かし、給湯管で必要な温水を送ることを「給湯」という。湯を使う場所で加熱して供給する方式を「局所式給湯方式」、大規模なボイラーなどで湯を沸かして、湯の状態で必要箇所に送ることを「中央式給湯方式」と呼ぶ（表4・3）。

　給湯器は、必要なときに必要な湯量を沸かす「瞬間式」と、湯をタンクに貯めておいて供給する「貯湯式」がある。それ以外にも、水素と酸素を化学反応させることによって電気を発生させる燃料電池の技術を利用したコージェネレーションシステムや、エアコンなどに利用されているヒートポンプという技術を利用したヒートポンプ給湯器など、さまざまなシステムがある。

4　排水の種類

　排水は「汚水」「雑排水」「雨水」に分類される。「汚水」は便器や汚物流しなどからの排泄物を含む排水、「雑排水」はキッチンや洗面、洗濯機、浴室などからの排水、「雨水」は雨水や湧水などの排水を指す。排水は公共下水道に流すことになるが、地域により、汚水と雑

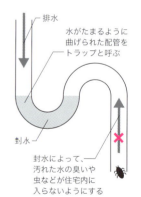

図4・10　トラップ

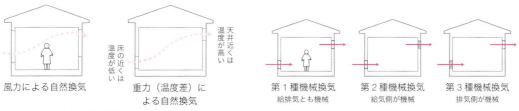

図4・11 自然換気と機械換気

排水などをまとめて流す「合流式」と、汚水と雑排水＋雨水を分けて流す「分流式」がある（図4・9）。

排水管は、排水が流れたあと空洞になるため、そこを通って虫や臭気などが排水口から室内に入ってこないように、トラップと呼ばれる装置を必ず取りつける（図4・10）。トラップには、途中に常に水がたまる部分（封水）を必ずつくり、虫や臭気が排水口に到達しない仕組みになっている。また排水管は、水が排出されたときに負圧になり、トラップの封水を排水してしまう場合がある。排水管内が負圧にならないように、空気を調節するための管である通気管を取りつける。

地域によっては、下水道設備がなく、敷地内で汚水や雑排水を浄化処理して有害物質などを処理してから排水することが必要な場合がある。そのときに設置するのが「浄化槽」である。汚水だけを処理するものを「単独処理方式」、雑排水も合わせて処理するものを「合併処理方式」という。

合流式、分流式の違いは、市町村などの各下水道局に問い合わせて確認する必要があるね。

4・5　換気

外気を取り入れ、室内の空気を排出することで、室内の空気を入れ替えることを換気という。コンロやストーブなど燃焼機器が設置されている場合や、気密性の高い建物の場合は、必要な性能を持った換気設備を設置する必要がある。

1　換気の種類

換気には「自然換気」と「機械換気」がある。「機械換気」には給排気とも機械によって強制的に行う「第1種機械換気」、給気のみを機械によって行う「第2種機械換気」、排気のみを機械によって行う「第3種機械換気」がある（図4・11）。第1種は室内換気をコントロールしやすいが、設備費が高額になる。第2種は外部から粉塵などが入ってこないようにコントロールできるため、病院の手術室などに採

用される。住まいの台所やトイレ、浴室などは、臭いなどが他の部屋に伝わらないように、強制的に排気を行う第3種が適している。

4・6　冷暖房

機械的に室内の温度や湿度をコントロールするための機器が冷暖房機器である。冷暖房機器にはさまざまな方式がある。

1　冷暖房の方式

暖房設備には、個別式暖房と中央式暖房がある。各室内の必要な場所で直接熱を発生させるファンヒーターやこたつ、ストーブなどを**個別式暖房**という。機械室などに熱を発生させる機器を設置し、温めた空気や水などを介して各部屋へ熱を供給する方式を**中央式暖房**という。

また、空気を対流させることによって暖める方式を**対流暖房**というのに対し、パネルヒーターのように放射（輻射）することによって暖める、**放射（輻射）暖房**もある。床暖房は直接触れる伝導タイプの暖房である（図4・12）。

冷房設備は、単独ではなく暖房とともに冷暖房設備として設置される場合が多い。中央式の場合は、機械室で冷やされた空気や水、冷媒などを配管によって各室に供給する。家庭用のエアコンのように、個別に室外機と室内機を設置し、各室ごとに温度管理を行う場合もある。

2　冷暖房負荷

冷暖房機器を設置する場合、その性能を測るために、**冷房負荷**、**暖房負荷**という指標がある。壁や窓、隙間などから室内の熱が逃げやすい場合は、負荷が大きいという。断熱性や気密性が高いなど、冷暖房負荷が小さい部屋の場合は、冷暖房機器の能力は高くなくても快適性を保つことができるが、負荷が大きくなると、冷暖房機器の能力を上げて、快適性を実現させることになる。

3　パッシブソーラー、アクティブソーラー

太陽熱を利用した暖房として、パッシブソーラーシステム、アクティブソーラーシステムがある（図4・13）。機械は使わずに、太陽熱が当たる部分に熱容量の高い材料を採用して蓄熱することによって

> 住宅は、24時間換気が義務付けられている。住宅では汚れた空気を少しでも早く外に出すため、居室も水回りも機械で強制的に排気する第3種換気が多いんだよ。

対流　　　　　　　　　放射（輻射）　　　　　　　伝導

空気を暖めたり冷やしたりすることで空気を対流させ、室内温度を調節する。部屋全体を冷暖房することができる。ルームエアコンやファンヒーターなど。

熱を電磁波として伝えるタイプの器具。パネルヒーターや、パネル式の輻射冷房機などがある。

接しているものの温度が高い方から低い方へ熱が移動する性質を利用するタイプの器具。電気やガスの床暖房や、ホットカーペットなどがある。

図4·12　冷暖房方式

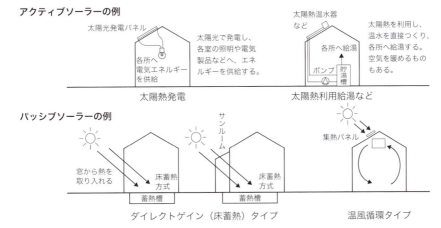

図4·13　ソーラーシステム

行うものを**パッシブソーラー**、機械を使って太陽熱を集熱し、その熱を利用するものを**アクティブソーラー**という。

省エネルギー、環境に対する配慮、コストという観点から、パッシブソーラーシステムが採用されることもある。

4·7　電気設備

電気は室内環境を整えるために欠くことのできないエネルギーである。電気関係の設備は身近に使うものも多く、基本的な知識を知っておくことが必要である。

1　電気の種類

電気には、**直流**と**交流**がある。乾電池などのように、一定の電圧で電気の流れる方向が決まっているものを直流、電圧の大きさと流

> パッシブ＝受動的、アクティブ＝能動的。
> 機械を使わず、自然に受ける太陽熱を受け取れる仕組みがパッシブソーラーで、積極的に機械を使ってエネルギーを集めるものをアクティブソーラーというんだ。

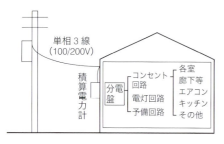

図4・14 住宅への電気供給

表4・4 住宅における照度基準

レベル	必要照度	生活行為
精密な視作業	1000〜2000 lx	手芸、裁縫、ミシン
やや精密な視作業 普通の視作業	500〜1000 lx	製図、勉強、読書
普通の視作業 やや粗い視作業	250〜500 lx	調理、化粧、洗面、掃除
粗い視作業 部屋全般	30〜250 lx	玄関、座敷、応接間、便所、階段、廊下など部屋全般

住宅の照度基準 JIS Z 9110:2010や照明メーカー技術基準などを参考に作成

れる方向が一定の周期で変わるものを交流という。建築に供給される電気は交流で、東日本は周波数が50Hz、西日本は60Hzになっている。地域によって、家電機器などを使う場合、該当する周波数に対応しているか確認する必要がある。

> 海外でも国によっては周波数が異なるため、海外で日本製の電化製品を使うときは変換器が必要になることがあるよ。

2　電気の供給

電気は、電力会社より供給されるため、供給方式と契約容量を決めて電力会社等と契約を結ぶ必要がある。一般家庭では、100V機器専用の「単相2線式」と、エアコンやIHコンロなど200V機器も使える「単相3線式」があり、現在では単相3線式が主流になっている。病院や工場など、規模の大きな建物の場合は三相3線式というより大きな電力の使用に対応した供給方式もある（図4・14）。供給された電力は、分電盤を通して、建物の各所へ配線で供給される。

3　スイッチ、コンセント

供給された電力を誰でも簡単に使いやすくするために、スイッチやコンセントを建物各所に設置する。

電気のON/OFFを簡単に行うために設置するのがスイッチである。単純にON/OFFを行うスイッチ以外にも、階段や廊下などのように2か所で点滅できるスイッチを3路スイッチ、3か所で点滅できるものを4路スイッチという。この他、暗がりでもスイッチの位置がわかるように小さな表示ランプがついているホタルスイッチ、人の動きに反応して点灯する人感センサー付きスイッチ、暗くなると自動的に点灯する光センサースイッチなど、さまざまな種類がある。

コンセントは、一般的なものは差し込み部分が平行になっている100V15Aタイプだが、電流と電圧、アース端子の有無によって、いくつかの種類がある。電子レンジやエアコン、洗濯機などには、水による感電を防ぐためのアース端子付きコンセント、天井の照明器

表 4・5 ランプの演色評価数

ランプの種類	平均演色評価数（Ra）
電球（ミニクリプトン電球、レフ電球など）	100
ハロゲン電球（ミニハロゲン電球、ダイクロハロゲンなど）	100
蛍光灯（一般タイプ）	60〜84
蛍光灯（高演色タイプ）	90〜99
電球型蛍光灯	84〜88
メタルハライドランプ	70〜96
高圧ナトリウムランプ	25〜85
水銀灯	14〜50
LED	70〜96

平均演色評価数 Ra の数値は参考値。メーカー・商品によって異なる場合がある

LED ランプは、従来は演色性が低いものとされてきたが、最近では Ra が 90 を超える商品が登場し、省エネだけではなく演色性にもすぐれたものとして、照明の主流となってきている。

太陽光のもとでの物の色の見え方を基準として、その色の再現性を示したものを「**演色性**」という。太陽光のもとで見た場合と似た見え方をする照明ランプを、「演色性の高いランプ」という。平均演色評価数 Ra は、鮮やかさと明るさが等しい 8 種類の色票との色のずれの平均を表すもの。それ以外に、7 種類の色票との個々の色のずれを表した数値として、特殊演色評価数 Ri もある。一般的に、平均演色評価数 Ra が 80 を超えると演色性が良いと言われる。

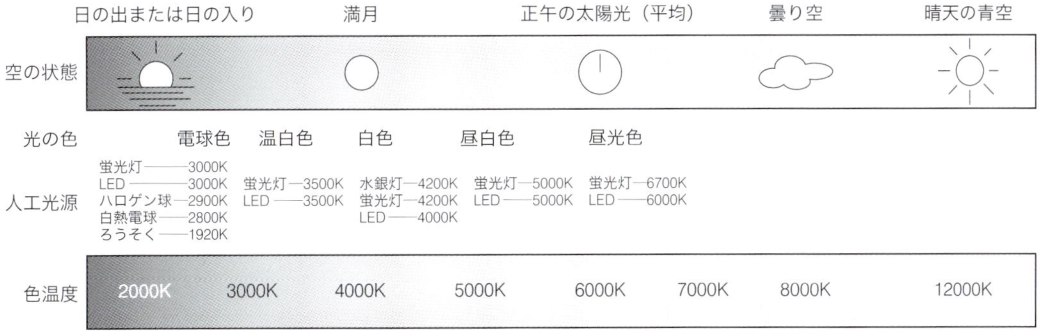

図 4・15 色温度

具には抜け止め防止機能付きコンセント、必要なときに床のふたを開けて使うフロアコンセント、屋外で使う場合の防水コンセントなど、用途や場所によって使い分ける必要がある。

4　照明

照明の光と影は、インテリア空間の演出に大きく影響する。照明計画は光源の照度、色温度、演色性の違いを理解し、効果的に配置することで、空間を演出する。

「照度」とは 1m² の受光面に何本（単位は lm（ルーメン））の光束が届くかを示す値で、単位は lx（ルクス）である。空間の利用の仕方に対して、必要な照度の目安がある。単体または複数の照明器具を配置し、空間で求められる照度を確保する必要がある（表 4・4）。

「色温度」とは、光源の色の違いを示し、単位は K（ケルビン）で

光束
ある面を通過する単位時間あたりの光の量のこと。単位は lm（ルーメン）が用いられる。

表される。色温度が低い方から高くなるにつれて、赤みを帯びた光から白くなっていき、さらに青みを帯びた光になっていく。色温度が低いと、暖かみのある空間演出となり、色温度が高いと、クールな印象の空間になる（図4・15）。

「演色性」とは、光源の性質によって見え方が異なることを示す指標である。青みがかった光の下では、赤は黒ずんで美しく見えないが、光源によっては、光が当たるものの色そのものを美しく再現するものがある。そのような光源は演色性が高いという。

> 演色性の度合いを評価する指標として平均演色評価数（Ra）がある（表4・5）。

照明器具に使われるランプは多種多様であるが、主だったものとしては、白熱電球、蛍光灯、高輝度放電ランプ、LEDランプなどがある。最近では省エネルギーとランプの寿命の長さから、LEDが多く採用されている。

照明器具にはさまざまな種類があり、空間の用途によって使い分ける必要がある。天井に取りつけるシーリングライト、部分的に光を当てるスポットライト、天井に埋め込むダウンライト、天井からワイヤーなどで吊るしたペンダント、壁に取りつけるブラケット、床に置いて使用するスタンドライトなど、取りつけ方、形、デザインも多種多様である。また壁や天井など、建築の内装材の一部として建築と一体化させた照明を建築化照明といい、天井や壁を柔らかく照らすコーブ照明、コーニス照明、天井全体を光らせる光天井照明などがある。

> **参照**：照明器具の種類、建築化照明→第8章1節「照明器具」

5　家電、ホームエレベーター

インテリア計画では、家電製品の選択とレイアウトも重要な要素になる。テレビも薄型で軽量化し、大型化していることから、インテリア計画に大きく影響する。クライアントの希望によっては、ホームシアターの採用やオーディオ機器の設置にともなって、内装に吸音性が必要な場合が出てくる。電話機もFAXとの複合機をはじめ、スマートフォンと連携ができる家電もある。

生活家電である冷蔵庫や洗濯機などもデザイン性の良いものや、省エネタイプのものが注目されているが、インテリア計画としてもインテリアデザインの要素のひとつとして考慮しておく必要がある。その他、湿度調節のための除湿器や加湿器の設置や、キッチン内にも炊飯器、ホームベーカリー、電子レンジなど、配置やレイアウトをインテリア計画の中できちんと計画しておくことが重要になる（図4・16）。

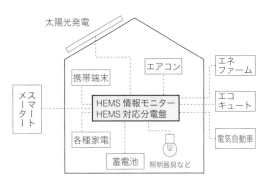

図4・16 家電製品とインテリア(大阪ガス実験集合住宅 NEXT21)

壁の中に先行配線することで、テレビをすっきりと収めた例。計画時にテレビの位置を決定し、先行して配線するだけではなく、テレビの重さに耐えられる取り付け下地と金物を設置しておく必要がある。

インターホンのモニターや、部屋の照明スイッチ、ガス給湯リモコン、エアコンスイッチを1か所に集め、レイアウトした例。使いやすい高さ、位置、かつ整然としたレイアウトになるように考える。

図4・17 HEMS(文献3などを基に筆者作成)

HEMS：Home Energy Management System

HEMSに対応した情報モニターと分電盤を中心として、住まいの中の照明やエアコン、家電製品などの各端末のエネルギー使用状況を把握し、エネルギーの使用状況を見える化。
見える化することで、使用者にエネルギー消費について意識させ、省エネルギーを図る。

都市部では、3階建てや4階建ての住宅もあり、**ホームエレベーター**を設置する場合がある。ホームエレベーターは4階までが設置限度で、昇降路の長さは10m以下、定員も3名以下と決められている。ホームエレベーターを設置する場合は、建物と同様、確認申請を提出する必要があり、また継続して安全性を確保するために、定期的に保守点検を行うなど、維持管理に経費がかかる。しかし、バリアフリーの観点から、設置を検討する必要がある。

6　情報設備機器、HEMS

インターネットや携帯電話、スマートフォンが発達し、住宅で使われる**情報設備機器**や、それらと連動するような機器が増えている。

住宅に設置する情報設備機器には、電話設備をはじめ、インターフォン設備、ホームセキュリティ、防犯カメラ、非常通報設備などが考えられるが、それらを連携させることによって、住宅内に情報システムを構築する場合もある。

また、エネルギーコントロールのために、**HEMS**（Home Energy Management System）と呼ばれるシステムを構築し、使用エネルギーの見える化を図る場合もある（図4・17）。

4・8　水回り設備

室内空間の中の水回り設備はさまざまだが、ここでは住宅の中の水回り設備について簡単にまとめておく。

HEMSは「ヘムス」と呼ぶんだ。住宅以外のときはBEMS（Building Energy Management System）と表記して「ベムス」と呼ぶんだよ。

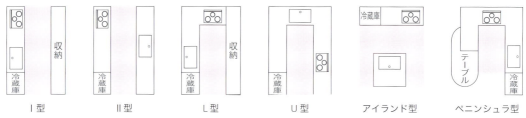

図4・18 キッチンのレイアウト（文献1を基に筆者作成）

1 キッチン

キッチンは水回り設備の中でも、利用頻度が高く、作業の効率が求められる設備である。キッチンでの基本的な作業のための動線を把握し、効率良く作業が進められるように配置する必要がある。また、キッチンはダイニングとの位置関係や、オープンなのかクローズなのかなどの条件によってカウンターや出入口の配置や形状を検討する必要がある（図4・18）。

キッチンには調理器具や食器、食材など、収納すべきものが多様に存在する。収納計画がきちんとまとまっていれば、キッチンでの作業効率もアップする。

キッチンには、シンクや調理台などの単品を並べたタイプのものと、それらを1つのカウンターに一体化させたシステムキッチンなどがある。キッチンメーカーなどで必要な部品を組み合わせて取りつけるタイプが大半だが、要望によっては、自由に設計するオーダーメイドキッチンもある。

キッチンに備えつけられる設備は多様だが、主たるものは、シンク、コンロ、オーブンレンジ、食器洗い器などである。コンロは火を使って調理するガス式にするか、電気を熱源としたクッキングヒーター（IH、シーズヒーター、ラジエーターヒーターなど）にするか、利用者の使い勝手や安全性などを考えた上で選択する必要がある。ガス式を採用した場合は、火気使用室という扱いになり、内装の不燃化や、機械換気の性能などが法律で規定されているので注意が必要である。

2 浴室

浴槽には、和式、洋式、和洋折衷式がある。現在は、和式の良さと洋式の良さを兼ね備えた和洋折衷タイプが多く採用されている（図4・19）。浴槽の据置き方式で分類すると、埋込み式、半埋込み式、据置き式がある。施工性の向上を図り、ユニットバスを採用することも多い。浴槽の素材には、人工大理石やポリエステル、ステンレ

カウンター式

洗面器をカウンターにはめこむタイプ

独立式

洗面器を単独で設置するタイプ

ベッセル式

洗面器をカウンターの上に置くタイプ

図4・20 洗面器の種類（LIXILカタログより）

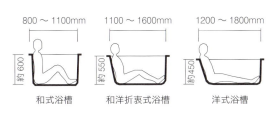

図4·19 浴槽の種類

図4·21 トイレのタイプ（LIXIL カタログより）

代表的なトイレのタイプ。住宅、公共施設など用途によって適切なタイプを選択することが重要である。

ス、ホーローの他、ヒノキ・サワラなどの木を使うこともあるが、耐久性やデザイン、保温性など、性能を確認して決定することが重要である。

浴室内には、オプションとして浴室暖房乾燥機や、サウナ機能などを設置することができる場合がある。浴室暖房乾燥機は、浴室のカビ対策としても有効である。

3　洗面室・トイレ

洗面室は、浴室の脱衣所と一体化して設置される場合が多い。洗面器のスタイルには、カウンター式、独立式などがあり、最近はデザイン性の高いベッセル式なども人気がある（図4·20）。洗面台は、オーダーメイドで製作することも可能だが、鏡や収納などと一体化した、洗面化粧台というユニットになった商品も多種多様で、好みのものを選択しやすくなっている。洗面室に余裕があれば、洗濯機を併設するために防水パンを設置したり、雑巾や靴などを洗うためのスロップシンクを設置したりする。

トイレは現在、洋式便器が主流である。便器の給水には、ロータンク式とフラッシュバルブ式がある。便座には、暖房便座、シャワー機能付き洗浄便座などがあり、最近では自動でふたが開閉するものや、自動洗浄されるタイプもある（図4·21、4·22）。

ロータンク式

各便器に取りつけられたタンクにたまった水を使って流す。

フラッシュバルブ式

バルブを操作することで一定量・一定時間水が流れるように制御したもの。

図4·22　トイレの給水の種類（LIXIL カタログより）

参考文献
1) 小宮容一・片山勢津子・ペリー史子・加藤力・塚口眞佐子・西山紀子『図解テキスト インテリアデザイン』（井上書院、2009）
2) 日本建築学会編『建築設計資料集成1　環境』（丸善、1978）
3) パナソニックウェブサイト「HEMSとは？」
(http://www2.panasonic.biz/es/densetsu/aiseg/hems/about/index.html)

第5章 人にやさしいインテリア

より多くの人に使いやすいように、社会のバリアを取り除こうとすることをバリアフリーと呼び、そこからさらに高齢者や障がい者のような弱者も含めたすべての人が使いやすいことを目指したのがユニバーサルデザインの原点である。インテリアデザインを行うとき、使う人に配慮することが大切である。

5・1 バリアフリーとユニバーサルデザイン

社会は一般的に、健常な人々が過ごしやすいようにさまざまに工夫されている。それは必ずしもすべての人々にとって過ごしやすいわけではなく、健常者にとって何でもないことが、高齢者や障がい者など、弱者と呼ばれる人には、行動を阻害する障壁となっている場合がある。それを取り除く、あるいはすべての人たちに使いやすいことを目指して、弱者と呼ばれる人々も含めた社会の人たちが過ごしやすいようにすることが重要である（図5・1）。

1 バリアフリー

バリアフリーとは、バリア（障壁）を取り除く、という意味の言葉である。車いす使用者や高齢者、障がい者たちにとっては、ちょっとした段差などが障壁になる。それを除去することによって多くの人々が使いやすくなるという考え方に基づいている。バリアフリーは、段差をなくす、という意味に使われがちだが、スロープをゆるやかにしたり、必要なところに手すりをつけること、開き戸を引き戸にするといったこともバリアフリー設計ということができる。

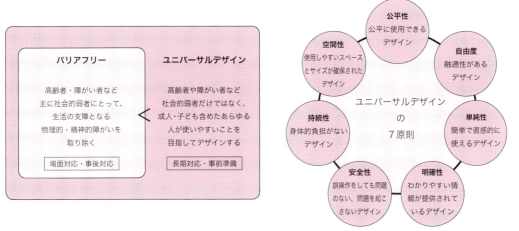

図5・1　バリアフリーとユニバーサルデザイン　　図5・2　ユニバーサルデザイン7原則（ロナルド・メイスらによる）

2　ユニバーサルデザイン

　ユニバーサルデザインとは、1985年ごろに建築家・デザイナーのロナルド・メイス博士らによって提案された概念である。バリアフリーから一歩進んで万人のために貢献するデザイン、という意味を持ち、障がいの有無に関わらず、老若男女すべての人々にとって使い勝手の良いデザインにする、という考え方である。

　ユニバーサルデザインには7つの原則が提唱されている。①公平に使用できるデザイン、②融通性があるデザイン、③簡単で直感的に使えるデザイン、④わかりやすい情報が提供されているデザイン、⑤誤操作をしても問題のない、問題を起こさないデザイン、⑥身体的負担がないデザイン、⑦使用しやすいスペースとサイズが確保されたデザイン、である（図5・2）。

　ユニバーサルデザインは、これらの原則に基づいてデザインすることを目標にしている。ただし、実際に7つの原則すべてを満足するデザインは困難で、不可能に近いともいえるが、この考え方を原則としてデザインすることを心がけることが大切である。

5・2　住宅のデザイン

　バリアフリーやユニバーサルデザインの思想を取り入れた、人にやさしいインテリアデザインを実現するために考えておくべきポイントがいくつかある。住宅を例に、ポイントを挙げてみる。

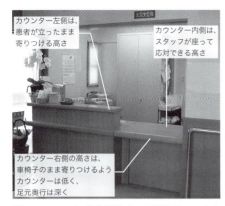

図5・3 ユニバーサルデザインの例（クリニックカウンター）

図5・4 デッキを張って段差をなくしたテラスへの出入口

図5・5 リビングと和室の段差

1　プランニングのポイント

　住宅において、バリアフリーやユニバーサルデザインを取り入れた場合、あらゆる人に使い勝手が良いものにしようとして過剰機能を備えることになってしまいがちである。たとえば高齢者が住んでいれば、高齢者の生活エリアをなるべく同じフロアで、近接した配置にすることだけも、高齢者の日常生活における移動の負担が軽減される。これもバリアフリーといえる。

　高齢者に限らず、今の段階で健常者でも、いつ障がいを持つ身になるかわからない。将来高齢者になったり、けがや病気で障がい者になったりした場合にも、使い勝手良く住み続けることができるように計画することや、簡単な改修を施すことで個別の事情に合わせられるように考えておくことは、ユニバーサルデザインの考え方に沿っている（図5・3、5・4）。

2　住宅内の段差

　住宅内の各部には、さまざまな段差が生じる可能性がある。徹底的に段差をなくす計画にする、というのもひとつの方法だが、段差をなくすことによって、かえって使いにくくなる場合もある。洋室の中にある和室コーナーなどの場合は、洋室と同じ床の高さにするという方法もあるが、逆に腰をかけて出入りができる段差をつけることによって、移動しやすくなることもある（図5・5）。必要な段差には、段差を認識しやすいよう照明器具を仕込む場合もある（図5・6）。浴室の入口も、段差を完全になくしてしまうより、段差を残して水返しの機能を持たせ、すのこなどで段差を解消する方法もある。

　また住宅内部の各所に手すりを設置する、または将来設置できる

階段の段差がわかりやすいように段差部分に照明を設置した例

図5・6　住宅の段差（階段）

図5・7 直感的にわかりやすいデザイン

図5・8 吹き抜け空間は自分の位置が認識しやすい

ようにしておくことも重要である。階段や廊下、浴室、便所などには手すりがついていると重宝する場合がある。

3 設備のデザイン

洗面所やキッチンの水栓を、シングルレバー式の使いやすいものにしたり、温度調節を自動化したサーモスタット式を選択したりすることも重要である。コンセントの位置を、あまりかがまずに抜き差しできるように高めに設定することや、子どもや車椅子使用者にも届くようにスイッチを低めに設置することでも使いやすくなる。

調理器具など火気を使用するものは、過熱防止装置や立ち消え安全装置などを備えること、IHクッキングヒーターを採用することも、安心して使用するための配慮である。

部屋間の温熱環境を整えることも、ユニバーサルデザインの思想として大切である。冷暖房を適切に配置し、しっかり住宅を断熱することにより、室間の急激な温度差をなくし、高齢者が体調を崩すリスクを取り除くことで、住宅内部で室間移動をしても快適に過ごすことができる。

5・3 公共施設のデザイン

不特定多数の人々が利用する可能性が高い公共施設では、住宅よりもさらにバリアフリーやユニバーサルデザインの考え方に基づいて計画することが重要になってくる。

1 プランニングの工夫

公共施設は、必ずしも毎日訪問するわけではなく、必要なときに

図5・9 ゆるやかな階段とスロープ

図5・10 大きくてわかりやすい案内サイン

訪れるのが一般的である。

　自分の住まいのように毎日過ごしていると、ちょっとした段差があっても慣れてくるが、公共施設の場合は、初めて利用しても直感的にわかりやすく、安心して利用できるように計画することが基本である（図5・7）。施設間の移動も比較的単純で直感的に理解しやすいプランニングを心がけることが求められる（図5・8）。

2　階段・廊下・スロープ

　駅や交通機関のように、移動することが目的で訪れる施設では、ホームまでの移動、電車やバスへの乗り換えなど、それぞれの動作がスムーズに行えるようにすることが望ましい。エレベーターやエスカレーターを設置する、車椅子でも通過しやすいようにゆとりのある通路幅を確保する、自力で車椅子を操作できるような緩やかな勾配のスロープを設置するなど、さまざまな工夫をすることができる（図5・9）。

3　サイン

　公共施設の案内板やサイン・標識などは、わかりやすく、直感的に理解しやすいデザインにすることが重要である（図5・10）。

　目的地へ向かうための補助となる案内板は、簡単に見つけられる、目につきやすいデザインで、かつ内容もわかりやすいものがあれば、平面計画が多少複雑になっていたとしても、苦労せずに目的地に到着することができる。

5・4　家具・設備・プロダクトのデザイン

　家具やプロダクトでも、ユニバーサルデザインの考え方が反映さ

第5章 人にやさしいインテリア　65

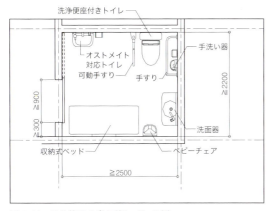

図5・11　公共施設の多目的トイレの例

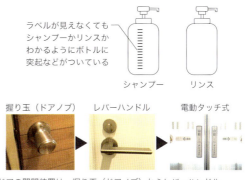

図5・12　プロダクトのユニバーサルデザイン

れたものが多くつくられている。

1　家具の工夫

オフィスや病院の受付カウンターなどで、2種類以上の高さのカウンターを設置している場合がある（p.62、図5・3）。立ってアプローチする健常者にとっても、車椅子でアプローチする人にとっても使いやすくなるように、どちらも寄りつきやすい高さにしたカウンターを設けることも、ユニバーサルデザインといえる。

2　設備の工夫

近年、駅や公共施設で多く見られるようになった多目的トイレもユニバーサルデザインの一例といえる。一般の人が使える洗浄便座付きトイレに加え、トイレの横に小さな手洗い器を設けたり、オストメイト対応のトイレや、ベビーチェア、収納式の多目的ベッドを設置していたりと、さまざまな人たちが必要な設備を備えることによって、利用しやすいようにした工夫例である（図5・11）。

オストメイト：病気や事故などによって消化器官や尿管などが損傷し、腹部などに排泄のための開口部（人工肛門や人工膀胱、ストーマという）を設けた人のことをいう。

3　プロダクトの工夫

プロダクトにおいても、扉の開閉装置などは、ユニバーサルデザインの考え方のもと進化してきたといえる。以前は、手で握りこんで回すタイプのドアノブ（握り玉）が主流だったが、最近は、簡単に回しやすいレバーハンドルが増えている。さらに、不特定多数の人が出入りする場所では、電動タッチ式の自動ドアが設置されるようになり、より多くの人にとって開閉しやすい扉になっている。

他にも、シャンプーとリンスの容器は、頭を洗いながら目を閉じ

表 5・1　人の色覚

人の 3 つの錐体	
L 錐体（赤錐体）	黄緑～赤の光を主に感じる
M 錐体（緑錐体）	緑～橙の光を主に感じる
S 錐体（青錐体）	紫～青の光を主に感じる
C 型色覚 （一般色覚）	3 種類の錐体（S 錐体、M 錐体、L 錐体）がすべてそろっている人。日本人男性の 95％、女性の 99％以上を占める。
P 型色覚 （Protanope）	3 種の錐体のうち、L 錐体がない、または L 錐体の分光感覚がずれている人。
D 型色覚 （Deuteranope）	M 錐体がない、または M 錐体の分光感覚がずれている人。
T 型色覚 （Tritanope）	S 錐体がない人。
A 型色覚	3 種類の錐体のうち、1 種類しか持たない人。または錐体がまったくなく、杆体しか持たない人。色を明暗でしか感じられない。10 万人に 1 人以下の割合。

P、D、T 型色覚は色弱者と呼ばれ、A 型色覚は全色盲と呼ばれる

図 5・13　CUD の工夫（コントラストを高めた例）

た状態でも見分けがつくように、手で触ったときに異なる凹凸が認識できるようなデザインになっているものが多い。それらもユニバーサルデザインの例といえる（図 5・12）。

5・5　カラーユニバーサルデザイン

　色を感じる視細胞の働き方によって、人の色覚は 5 つに分類することができる（表 5・1）。そのうち、正常な色覚を持つ一般色覚者（C 型）を除く、P、D、T、A 型という色覚を持つ人々を色弱者と呼ぶ。また、病気や加齢により色覚が変化することもある。そのような人たちが不便を感じないような色づかい、すなわちカラーユニバーサルデザイン（＝ CUD）へ配慮することの重要性が認識され始めている。

1　CUD のポイント
　CUD の考え方には下記の 3 つのポイントがある。
　①できるだけ多くの人たちに見分けやすい配色を選ぶ
　②色を見分けにくい人にも情報が伝わるようにする
　③色の名前を用いたコミュニケーションを可能にする

2　CUD のための工夫
　さまざまな色覚特性に配慮した配色にするためには、色みや色の

CUD 認証を受けた商品には、裏に色名をスタンプした折り紙などがある。

第5章　人にやさしいインテリア　67

図5・14　カラーユニバーサルデザインガイド（埼玉県）

図5・15　色覚補助アプリの例（色のめがね、色のシミュレータ）

濃淡に差をつけたりすると比較的見分けやすくなる（図5・13）。

　色以外の情報を補助的に加えることで、見分けやすくなることもある。サインに使う文字の色を変えるだけではなく、太くしたり大きくしたりすると、見分けやすくなる。また、たとえば地図にさまざまな色のポイントをプロットするのではなく、色ごとに形を変えたりすると、色の違いが多少わからなくても区別することができる。ドットや斜線など柄をつけて区別したり、色の名前を添えたりすることによっても、認識することができる。

3　CUDへの取り組み

　CUDについてのガイドラインを出している自治体もある。その中で、埼玉県の例を紹介する。

　埼玉県は、バリアフリー・ユニバーサルデザインに関して積極的に取り組み、**福祉のまちづくり**という観点でのバリアフリーへの取り組みと同時にCUDに関しても2006年にいち早く「カラーユニバーサルデザインガイドブック」（図5・14）を発行し、他の自治体のCUDの手本となっている。

　民間でもNPO法人カラーユニバーサルデザイン機構が2004年に設立され、ホームページにてCUDに関する基礎知識や、さまざまな研究・調査やイベント、CUDに取り組む自治体などについて紹介している。

　また、色が見分けにくい人のための色覚補助ツールとして、タブレットやスマートフォンで利用できるアプリなども開発されている。「色のシミュレータ」や「色のめがね」などは、色覚特性をリアルタイムに再現できるアプリである。色覚特性を持つ人にはどのように見えるかや、間違いやすい色などを理解することができる（図5・15）。

埼玉県のカラーユニバーサルデザインガイドブックでは、CUDの解説と、色弱者の見分けづらい色などをカラーでわかりやすく表現し、具体的な対応事例を紹介している。2006年に発行され、以降2回の改訂を行い、ホームページ（http://www.pref.saitama.lg.jp/a0305/colorudguidebook.html）からダウンロードできるようになっている。

「色のめがね」「色のシミュレータ」はいずれも浅田一憲氏制作のアプリ。
・色のめがね：
http://asada.tukusi.ne.jp/chromaticglass/j/
・色のシミュレータ：
http://asada.tukusi.ne.jp/cvsimulator/j/

第6章 色彩理論とインテリアデザインへの活用

私たちが目にするすべてのものには色がある。もし世界からすべての色がなくなってしまったら？ 私たちは花を見て美しいと感じることもできず、毎日を安全に暮らすことも難しくなるだろう。色彩は感覚に訴えるものであるため、個人の嗜好だと捉えられがちだが、色彩理論を学び、色彩を客観性のある非言語コミュニケーションの手段としてインテリアデザインに活かし、より美しく快適な空間を実現しよう。

6・1 色彩心理

色彩は、私たちにさまざまな感覚を引き起こす。色を見たときに起こる視覚的な現象や、経験の記憶から起こる感情的な感覚は、私たちの生活においてさまざまな効果、影響をもたらす。これらの心理的感覚を解明しようと試みた世界で最初の人物が、ドイツの文豪ゲーテ（Johann Wolfgang von Goethe；1749〜1832）である。インテリアデザインにおいても色彩心理は、空間の視覚的効果に寄与し、また印象やイメージの訴求に大きく貢献する。

色彩理論は、1704年に『光学』を発表し物理学的に色彩を解明したニュートンと、1810年『色彩論』で色彩の心理的現象を発表したゲーテの2人によって導かれてきた。

1 色の感情効果

色の感情効果とは、人間の経験の記憶や知識と色彩とが結びつき、色の連想やイメージとなって現れることで、色彩感情やカラーイメージとも呼ばれる。たとえば、炎といえば「赤」を思い浮かべ、「青」から空や海を連想するように、私たちはモノやコトから色を、色からモノやコトを連想する。これらの感情効果は、多くが性別や時代、民族に関係なく普遍性を持つが、個人的経験や民族性や宗教性など社会的背景により差異が生じることもある。図6・1に主な色の感情

インテリアコーディネートにおいて、色選びは多くの人が悩むところだが、この色の持つ普遍性と嗜好性を使い分け、施主の要望に応えることが腕の見せどころだね！

赤
トマト・炎・ポスト
情熱・生命力・愛・危険

 青
空・海・湖・水
爽やか・誠実・冷静・憂鬱

 白
雲・雪・牛乳・白無垢
純粋・清潔・浄化・冷淡

 橙
夕焼け・みかん・紅葉
暖かい・陽気・家庭的

 紫
ぶどう・スミレ
気品・神秘・優雅・繊細

 灰
石・曇り空・煙・機械
控えめ・洗練・曖昧・無個性

 黄
光・レモン・子ども
元気・希望・目立つ・注意

 ピンク
桜・赤ちゃん・春
可愛い・幸福・甘い・愛

 黒
黒髪・墨・闇・死
権威・重厚感・死・絶望

 緑
自然・野菜・お茶
平和・安心・調和・癒し

 茶
木・大地・落ち葉
落ち着き・堅実・地味

 [凡例]
具体的連想
抽象的連想
（イメージ）

図6・1 主な色の感情効果

図6・2 色の感情効果を活用した空間事例

男女の別、進めと止まれ、路線別の色分けなど、色の象徴性はさまざまに使われている

図6・3 色の象徴性を活用した事例

効果を紹介する。インテリアにおいて、色の感情効果は空間を利用する人に大きく心理的な影響を与える（図6・2）。また、色の連想が広く認知され、ある特定の意味を表すものとして利用されるとき、それを色の象徴性と呼ぶ。私たちはこの色の象徴性によって、情報を素早く判断し、安全な行動を起こすことができている（図6・3）。

> 色には感情効果の他、ホルモンへの働きかけもあるんだ。たとえば赤は血流を促進し、橙は食欲増進に作用するんだ。これらの生理的作用も、インテリアデザインの計画に活かせるね。

2 色の視覚的効果

私たちの日常生活では、1色だけを見ることはごく稀である。色は隣接する色とお互い影響し合うが、そこには人間の眼のはたらきも大きく関わっている。身の回りのデザインには視覚的効果を活用した事例が多く見られる。以下に主な視覚的効果を紹介する。

色相対比  明度対比

彩度対比 補色対比

図6・4 色の対比

図6・5 色の面積効果の事例

・残像

　残像とは、網膜に対する光の刺激が消えた後も、その刺激の感覚が残る状態をいう。残像には、光の刺激と同じ色の像が見える陽性残像と、光の刺激と異なる色の像が見える陰性残像がある。この陰性残像における元の色と残像の色の関係を心理補色と呼び、たとえば、赤い丸をしばらく見つめた後、白い紙に視線を移すと、ぼんやりと青緑の丸が浮かんでくる。

・色の対比

　ある色が、組み合わさる色の影響を受けて異なった色に見える現象を対比と呼ぶ。対比には2色以上の色を同時に見たときに生じる同時対比と、ある色から別の色に視線を移したときに起こる継時対比があるが、先に紹介した陰性残像はこの継時対比である。同時対比には、広い面積に囲まれた色が心理補色側に変化して見える色相対比、2色間の明度差をより強く感じる明度対比、また彩度差を強く感じる彩度対比、そして2色が補色の関係にあるときにお互いをより鮮やかに力強く見せる補色対比がある（図6・4）。

・色の同化

　対比とは逆に、ある色に別の色を少量加えたときに、相互が影響しあい、少量加えた色に近づいて見える現象を色の同化という。対比と同様、色相、明度、彩度、それぞれの属性による同化がある。

・色の面積効果

　面積の大小によって、色の見え方は変化する。一般的に、面積が大きくなるとより明るく、鮮やかに感じられる。これらを色の面積効果という（図6・5）。インテリアデザインや建築において、仕上げ材による色の面積効果には慎重な検討が必要である。

・色の誘目性

　意識しなくても目に飛び込んでくる色の効果を色の誘目性と呼ぶ。

手術着に青緑系の色が取り入れられている理由は、執刀中に医師に起こる血（赤）の補色残像である青緑の出現を感じにくくし、手術の集中力を阻害しないためなんだって。

参照：色相・明度・彩度の説明
→本章2節「色彩の表記」

ネット入りのミカンやオクラは、色の同化効果が使われている。販売時にまだ熟していないミカンは赤いネットを被せることで、実際より赤みが増してより熟して美味しそうに見え販売促進となるんだよ。

インテリアの仕上げ材は、必ず大きなサンプルを用意して面積効果の予測をしよう。

誘目性　　視認性
誘目性・視認性は、特に公共の場で重要とされる。

図6・6　誘目性と視認性

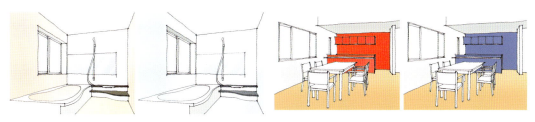

図6・7 暖色と寒色　　　図6・8 進出色と後退色

図6・9 軽い色と重い色

図6・10 興奮色と沈静色（図6・7〜6・10の作成：宮後浩）

危険や注意を促す交通標識や工事現場のサインには、誘目性の高い鮮やかな色が使われている（図6・6）。

・色の視認性

遠くからでもはっきりと存在が認識でき、情報を的確に得ることができる色の効果を**色の視認性**と呼ぶ。人の行動を安全に誘導するサインデザインでは、明度差のある色の組み合わせを使うことで視認性を高めている（図6・6）。また、色の視認性はカラーユニバーサルデザインにおいても考慮される要素である。

参照：第5章5節「カラーユニバーサルデザイン」

3　色の心理的効果

色の感情効果の項で述べたとおり、私たちは色からさまざまなイメージを受け取る。その中でも特に感じ方に個人差が少ない**固有感情**と呼ばれる感情効果は、色が持つ属性に起因し、インテリアデザインにおいても効果的に使われる。以下に代表的なものを紹介する。

・暖色と寒色

赤や橙、黄色は太陽や炎を連想して暖かく、また、青や青紫は水や海を連想して冷たく感じる。このように色から得る温度感覚には**色相**が影響する。**暖色**と**寒色**は空間の温度感調整に役立てられる（図6・7）。

・進出色と後退色

同じ距離から色を見たときに、実際より近くに感じる色を進出色、遠くに感じる色を後退色と呼ぶ。距離感覚にも**色相**が影響し、暖色系の色は**進出色**、寒色系は**後退色**である（図6・8）。

暖色・寒色では、体感温度だけでなく、実際に体温や血圧にも変化が生じるといった実験結果があるんだ。色で空間の温度感を調整できるなんて、環境にも優しい効果といえるね！

図6・11 色の3属性　　　　　　　　　　　図6・12 有彩色と無彩色

- **軽い色と重い色**

　同じ形、同じ重さの物であっても、明るい色は軽く感じ、暗い色は重そうに感じる。色の重量感覚には明度が関係し、空間の場合、広狭感にもつながる（図6・9）。

- **興奮色と沈静色**

　暖色系で鮮やかな色は興奮色と呼ばれ、気持ちが高揚し、グレイッシュな寒色系の色は沈静色と呼ばれ、落ち着いてリラックスする。気持ちの高揚・沈静感には色相と彩度が関係する（図6・10）。

6・2　色彩の表記

　正常な色覚を持った人間は、百万色もの色を識別する能力があるといわれている。日常生活では、そのうちたった数十色の色名を使って区別しているといわれるが、この色名から連想する色には個人差があるため、インテリアデザインの現場ではしばしば伝達の混乱が起こる。この色伝達の不正確さを解決するため色に一定の表示ルールを与え伝達するが、この色を定量的に整列させ、誰もが同じ尺度で表記し、伝達できるシステムを世界で初めて考案・確立したのが、アルバート・H・マンセル（後述）である。

1　色の性質

　色は3つの性質（属性）をともなう。赤系の色、青系の色などの色みの性質を色相という。また、色は明るさの性質も持っている。明るい赤、暗い赤など同じ色相にも明るさの違いがあり、これを明度と呼ぶ。色の中で一番明度が高い（明るい）色は白、一番明度が低い（暗い）色は黒である。さらに、色は鮮やかさ（色みの強弱）の性質を持っている。この性質を彩度という（図6・11）。熟したト

インテリアでもよく登場する「ベージュ」や「ブラウン」。家族や友達に「ベージュのものを持ち寄ろう」「ブラウンの洋服を着て集まろう」と問いかけてみよう。全員同じ色を見せあえるかな？
色を名前で伝えることが、どれだけ曖昧で個人差があるものなのかすぐに体験できるはず。
インテリアデザインの現場では、口頭で色の指示を出すことがどれだけ危険なことなのか、理解できるね。

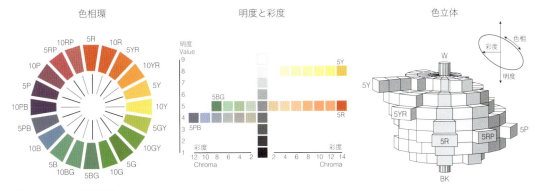

図6・13 マンセル表色系

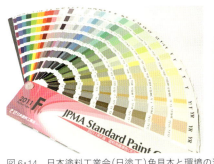

図6・14 日本塗料工業会（日塗工）色見本と環境の測色風景

図6・15 マンセル表色系を使った色表示例

マトは彩度が高い鮮やかな赤、小豆は彩度が低い鈍い赤となる。

すべての色は、色みのある**有彩色**（chromatic color）と色みのない**無彩色**（achromatic color）に分類することができるが（図6・12）、有彩色は色相、明度、彩度と3つの性質すべてを持ち合わせるのに対し、無彩色は明度の性質だけをともなう。これら3つの性質を色の3属性と呼び、物体色を色の3属性にしたがって系統的・規則的に立体空間に配列して、記号・数値を与えた体系を**表色系（カラーオーダーシステム）**と呼ぶ。以下に代表的な2種の表色系を紹介する。

2 マンセル表色系

マンセル表色系（図6・13）は、アメリカの画家マンセル（Albert. H.Mansell；1858～1918）が色を学生に系統的に教えるために創案した色彩体系である。1905年に発表され、その後アメリカ光学会（OSA）が、実際に測色し整え直した表色系である。マンセル表色系は日本工業規格（JIS）に採用されており、色票集として「JIS標準色票」がある。また、実務レベルでは、マンセル値が記載された「日本塗料工業会色見本」（図6・14）が、建築環境の測色調査に使われることもある。

JIS標準色票は、10色の基準色相を4分割し、40色相で構成されている。

建築・インテリア業界では、日本塗料工業会の色見本（通称：日塗工）や、環境色彩条例などにも用いられるマンセル表色系は身近な存在！マンセル値を読めると一歩踏み込んだ色彩検討が可能になるよ！

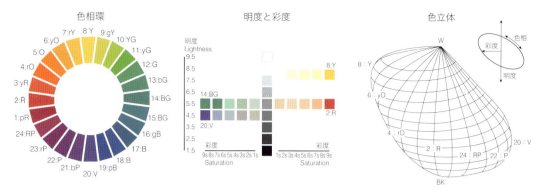

図6・16 PCCS 表色系

・**色相**（Hue）

5つの基本色相、赤（R）、黄（Y）、緑（G）、青（B）、紫（P）に、各色の**補色**である青緑（BG）、青紫（PB）、赤紫（RP）、黄赤（YR）、黄緑（GY）を中間に加えた10色を基準色相とする。またこれらを環状に並べ（これを**色相環**（Color Circle）という）、各色相を1～10まで10分割することで100色相まで表すことができる。

・**明度**（Value）

完全な黒を0、完全な白を10とし、その間を知覚的に等しくなるよう分割して**明度**が設定されている。ただし実際存在する色材には完全な黒や白は存在しないので、色票では1.0（黒）～9.5（白）の表示となる。

・**彩度**（Chroma）

彩度は、色みのない無彩色を0とし、色みが強くなるにつれて1、2、3、…と上がっていく。彩度は実際に色材で安定して再現できる範囲を色票化するため、色相によって最高彩度が異なる。

色の3属性に数字や記号のルールを与え、体系的に表すと、**色立体**と呼ばれる3次元で表現することができ（図6・13）、有彩色であれば「色相 明度/彩度」の順で表し、たとえば「4R 5/14」、無彩色であれば「N明度」とし「N9」のように表示する（図6・15）。このように、マンセル表色系は「色のものさし」として使用することができる。

> **補色**：色相環上で正反対に位置する2色を補色と呼ぶ。マンセル表色系では、補色を混ぜると無彩色となる物理補色が採用されている。

> 4R 5/14は「よんあーるごのじゅうよん」、N9は「えぬきゅう」と読むよ。

3 PCCS（日本色研配色体系）

PCCSは、Practical Color Co-ordinate Systemの略で、色彩調和を主な目的として、財団法人日本色彩研究所（現 一般財団法人日本色彩研究所）が1964年に開発した**ヒュートーンシステム**の代表的な表

第6章 色彩理論とインテリアデザインへの活用　75

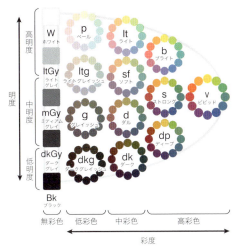

v	b	s	dp
vivid	bright	strong	deep
鮮やかな 派手な 目立つ	明るい 陽気 華やかな	強い くどい 情熱的	深い 濃い 伝統的な
lt	sf	d	dk
light	soft	dull	dark
浅い 澄んだ さわやかな	柔らかな 穏やかな ぼんやりした	鈍い くすんだ 中間的な	暗い 大人っぽい 円熟した
p	ltg	g	dkg
pale	light grayish	grayish	dark grayish
薄い 優しい かわいい	明るい灰みの 落ち着いた 大人しい	灰みの 濁った 地味な	暗い灰みの 固い 男性的
W	Gy	Bk	トーン記号
White	Gray	Black	トーン名
清潔な 冷たい 新鮮な	スモーキーな しゃれた 寂しい	高級 シックな 締まった	イメージ

図6・17　PCCSトーンとそのイメージ

色系である（図6・16）。ヒュートーンとは、色相（Hue）とトーン（Tone）の2系列で色を整理し表示する方法である。PCCSでは単色を表示するための色の3属性による表示と、色彩調和を検討するときに使用されるトーンによる表示の2種類の表示方法を持つ。

・色相（Hue）

人間の色覚の基本となる主要色相と考えられている、赤、黄、緑、青の心理4原色を基準に、全24色相を設定している。補色には、心理補色となる色相が採用され、各色には、色相を表す色相記号がつけられているだけでなく、どんな色か想像しやすい名称がつけられている。

・明度（Lightness）

明度は、白と黒の間を知覚的に等しくなるよう分割している。明度記号はマンセル表色系に準じ、1.5（黒）〜9.5（白）とし、その間を0.5ずつの17段階と設定している。

・彩度（Saturation）

彩度は、各色相の最も鮮やかな色である純色をその色相の最高彩度とし、無彩色との間を等間隔に1s（最も無彩色に近い彩度）〜9s（純色）の9段階に分割している。

・トーン

同じ色相でも、明るい赤、くすんだ赤、暗い赤など、明暗、強弱、濃淡といった色の調子の違いがあるが、これらをトーンと呼ぶ。トーンとは、明度と彩度を複合的に捉えた概念で、PCCSでは有彩色で12種類、無彩色で5種類のトーンを分布図としてまとめている。また、トーンには該当するイメージの形容詞が割り当てられていて、

> PCCSの詳細は日本色研事業㈱ウェブサイト
> （http://www.sikiken.co.jp/）へ

> PCCSは実務で色彩を扱うための辞書だと考えよう。PCCSの色相やトーンの概念を理解することで色彩計画やインテリアのカラーコーディネートも論理的に検討できる力が身につくよ。

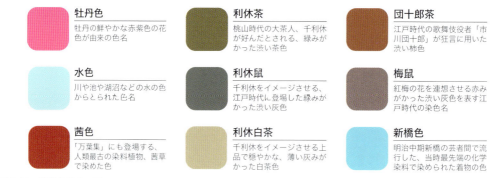

図6・18 慣用色名の一例

色彩調和を考えるときに役に立つ（図6・17）。

4　慣用色名

　私たちが日常生活で色を表現するとき、水の色である「水色」、桜の花の色である「桜色」など動植物や具体的なものの色を表していることがある。これらを固有色名と呼ぶが、その中で日常的に広く使われるようになった色の名前を慣用色名と呼ぶ。慣用色名は、日本に限らず外国にも存在するが、日本では、万葉集にも登場する「茜色」、「利休茶」や「団十郎茶」、「梅鼠」など「四十八茶百鼠」と呼ばれる、江戸時代に奢侈禁止令のもと生まれた、多くの茶色や鼠色の色名、明治中期、新橋芸者の間で大流行した着物の色である「新橋色」など日本の歴史や文化を知ることができる色名も多い（図6・18）。

6・3　色彩調和と色彩計画

　色彩調和（Color Harmony）とは、2色以上の色を組み合わせた配色において、見る人が快く感じることであり、秩序と多様性、変化と統一などの反対要素を調和させることである。ヨーロッパでは古くは古代ギリシャの哲学者をはじめ、多くの研究者たちが、色彩調和とは何かを追求してきた。数多くのエレメントで成り立つインテリアデザインにおいて、色彩調和を理解することは、心地良く美しい空間を生み出す手立てとなる。ここでは、色彩調和を論理的に導くことを目的とするヒュートーンシステム（PCCS）を活用し、インテリアデザインの色彩計画に活かす方法を紹介する。

インテリアデザインにも大きな影響を与えた茶人、千利休。彼は色の文化にも多大な影響を与えている。「利休茶」「利休鼠」「利休藍」など、「利休」はお茶を連想させる緑みがかった色を形容する言葉として用いたんだ。江戸時代に生まれた表現が現在も使われているよ。

奢侈禁止令と四十八茶百鼠：
江戸時代には身分階級を問わず贅沢を禁止し倹約を推奨・強制する奢侈禁止令がたびたび発令され、庶民は着物の色、柄、生地まで厳しく指定された。四十八茶百鼠とは、茶色、鼠色、藍色に限定されていた着物の色を、繊細で微妙な色みの違いで染め上げ、多様な茶色や鼠色、藍色を生み出した江戸町人の粋な文化のひとつである。
四十八茶百鼠とは、48の茶色、100の鼠色という意味ではなく「それほど多くの種類」を意味する。

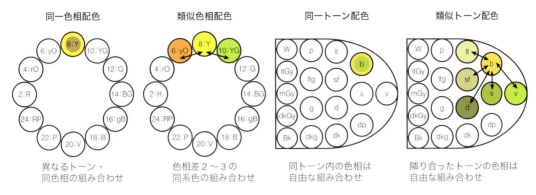

図6・19 類似の調和を生む配色例

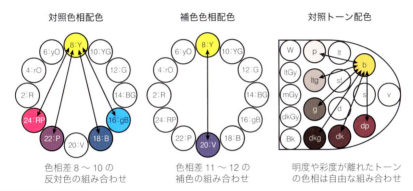

図6・20 対照の調和を生む配色例

1　2種の色彩調和

ヒュートーンシステムを活用する場合、色相に着目をする色相配色と、トーンに着目をするトーン配色が考えられる。それぞれの配色は**類似の調和**と**対照の調和**の2種に分類することができる。

・類似の調和

類似の調和は、統一の要素に重きを置いた配色であり、同系色と呼ばれる色を組み合わせる方法と、トーンをまとめる方法がある（図6・19）。類似の調和は、まとまり感や落ち着きなどのコンセプトを表現するのにふさわしい調和であり、穏やかで心地良い空間を目指すことが多いインテリアデザインの基本は、類似の調和であるともいえる。まとまり感が強すぎると単調で平凡になるため、アクセントカラーを加えたり、明度差や彩度差を意識するなど、適度な変化の要素を加えることで配色が引き締まる。

①同一色相配色（Monochromatic）

ある色相の異なるトーンを組み合わせる方法。基本的に1色相だけで構成されるため、統一感を強く感じる組み合わせである。

> 高彩度色は色相のイメージ効果（色彩の感情効果）が強く、中低彩度色はトーンのイメージ効果が強くなるんだね。

②類似色相配色（Analogous）

　ある色相に近い色みをもった色相を組み合わせる配色手法。PCCSでは2〜3色相差までの色を組み合わせる。この組み合わせも基本的な色相が支配するため、まとまりを得やすい。

③同一トーン配色

　同じトーンの中で組み合わせる方法。明るい、やわらかい、落ち着いたなど、トーンが持つイメージ（図6・17）をダイレクトに反映できる組み合わせである。

④類似トーン配色

　隣り合うトーンの色相を組み合わせる方法。隣り合うトーンは、明度または彩度が近く、共通したイメージが強調され、まとまりやすい。

・対照の調和

　対照の調和は、変化の要素に重きを置いた配色であり、反対色と呼ばれる色相差が大きい配色や、明度や彩度差が大きいトーンを組み合わせたコントラストのある配色となる。躍動感や華やかさ、力強さなどのコンセプトを表現するのにふさわしい調和である。

　対照性が大きすぎると不調和となりやすいため、トーンを揃えたり、面積比を検討するなど、適度な秩序を与えることが必要となる（図6・20）。

①対照色相配色（Contrast）

　色相環で反対に位置する色相同士を組み合わせる方法。PCCSでは8〜10色相差の組み合わせとなる。共通する色みは感じられずコントラストが強い配色となる。

②補色色相配色（Complementary）

　色相環上で正反対に位置する色相同士を組み合わせる方法。双方の色を最も引き立て合う関係であり、高彩度色の場合は派手で力強い印象を生むことができる。

③対照トーン配色

　明度または彩度方向に離れた位置にあるトーンから色を組み合わせる方法。反対のイメージを持つ色の組み合わせになるため、調和感を得るには面積配分などの調整が必要となる。

2　色彩計画

　色彩計画（Color Planning）の考え方は、工業製品が大量生産される時代となった1950年代にアメリカで普及した。住宅や病院、工

補色色相配色は2色を相互に引き立て合う最強の配色。彩度が高い色同士で最も効果が高く、彩度が低い色同士の配色でも効果的に働くよ。

ベースカラー（基調色）　　　　　　　　　　　アソートカラー（配合色）

アクセントカラー（強調色）

図6・21（上段2枚と下段左）　インテリアの配色構成（作成：宮後浩）　図6・22　壁一面のアクセントカラーの事例

場などの空間計画において、色彩の美的効果と心理効果の両面からアプローチし、作業性や快適性の向上を目指す色彩調節（Color Conditioning）がその始まりである。現在では、インテリアデザインにおいてコンセプトを実現するための手段として用いられる。

　インテリアの色彩計画を立てるとき、まず全体の配分を考えることから始める（図6・21）。空間でコンセプト表現の中心となり、主に床・壁・天井など大きな面積を占める背景色をベースカラー（基調色）と呼ぶ。次に、ベースカラーをさらに特徴づけたり、変化を出したりすることを目的に、主に建具や造作家具など中面積を占める色をアソートカラー（配合色）と呼ぶ。最後に、少量で空間全体の配色を引き締める効果のある色をアクセントカラー（強調色）と呼び、クッションや絵画など、比較的変更が容易なものを選ぶことが多いが、最近は、壁の一面をアクセントカラーとする事例も増えている（図6・22）。

6・4　色とは何か

　色とは、「光によって感じる、物の感じ方のひとつ」である。光が

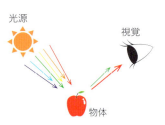
図6·23 色を感じる仕組み

図6·24 ニュートンの分光実験

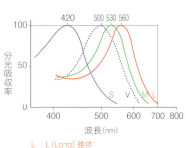
図6·25 杆体細胞・錐体細胞の感度特性(分光感度図)

図6·26 3原色と混色の仕組み

図6·27 併置加法混色の例(点描画)。ジョルジュ・スーラ作「グランド・ジャット島の日曜日の午後」(public domain)

ないところに色を感じることはなく、光が物体に当たったときに反射された光を眼が受光し、脳で色を感じている(図6·23)。世界初の造形学校であったバウハウス (Bauhaus) の創設時から色彩学の教鞭をとったヨハネス・イッテン (Johannes Itten; 1888～1967) の著書『色彩論』でもまず光の解説から始まっている。光を知ることで色彩への客観的理解がより深まるであろう。

1 光と視覚

太陽光は、テレビやラジオの電波、レントゲンのエックス線と同様、電磁波の一種である。そのうち380～780nm(ナノメートル、1nmは10億分の1m)の波長範囲に人間は色を感じることができ、この光を**可視光**と呼ぶ。可視光は、複数の波長の光が集まった特に色を感じない白色光であるが、プリズムに通すと波長の違いによって異なる色の単色光が現れる。これを**スペクトル**と呼ぶ。私たちが色と呼んでいるのは、脳に届いたこのスペクトルである。スペクトルは波長が長いものから、赤・橙・黄・緑・青・藍・紫と並んでいる。このスペクトルを発見したのは、アイザック・ニュートン (Isaac

虹は白色光である太陽光を雨粒がプリズムの役割をし、分光した現象である。

虹の色は何色? 日本では7色と答える人がほとんどだろう。国語辞典で「虹」とひいてみると「七色の美しい像」と書いてある。でも、他国では、6色だったり4色だったりと返答が異なるんだ。波長の連続である光からいくつの色を感じ取るかはその国の文化ともつながりがありそうだね。

Newton；1643～1727）で1704年のことである（図6・24）。

また、物体に当たって反射した光は私たちの目に届き、網膜で感知され視神経を通って脳へと伝えられ色を認識している。人間の網膜には明暗を判断する杆体細胞と色を判断する錐体細胞がある。錐体細胞には反応する波長域に応じた3種類の細胞、すなわち長波長（赤系）を感知するL錐体、中波長（緑系）を感知するM錐体、短波長（青系）を感知するS錐体があり、それぞれの視細胞の感度特性により、細胞が受光した波長が脳内で色覚として認識される（図6・25）。色覚は個人差があり、加齢による水晶体の変色や先天性の遺伝などが原因である特定の色が見えなかったり、異なる2色が同色に見えたりと、多くの人とは異なる色覚を持つ人もいる。このことから色彩に対してもユニバーサルデザインの考え方が求められる。

参照：第5章5節「カラーユニバーサルデザイン」

2 人工光源と色

インテリアにおいて、多くの場合は人工光源である照明のもとで色を見ることになるが、照明は自然光である太陽光のスペクトルや人間の色覚の感度特性を応用してつくられている。人工光源では、その光源が持つ色みを表す指標として色温度が用いられており、単位はK（ケルビン）である。色温度は空間の印象や人への心理効果に影響を与えるため、照明器具選定とあわせて、検討することが重要である。

参照：第4章7節「電気設備」、第8章1節「照明器具」

3 原色と混色

混ぜることによってすべての色を表すことができる色を原色(primary color)と呼び、原色はそれ以上の色に分解することができない色である。色には光の色（光源色）と、光が物体に当たって反射・吸収・透過した際に生じる色（物体色）があり、このどちらであるかにより原色の組み合わせが異なる。また、2色以上の色を混ぜ合わせて他の色をつくることを混色と呼ぶ。

・（同時）加法混色

光源色の場合の原色は、光の3原色と呼ばれる赤（Red）、緑（Green）、青（Blue）の3色である。原色を重ね合わせると元の色より明るい色になり、3色を混色すると最も明るい白（透明）になる。この原理は、カラーテレビやパソコンのモニター、スポットライトなどに応用されていて、加法混色または同時加法混色と呼ばれる（図6・26）。

子どもの頃に色の3原色として学んだ赤・青・黄は「ブリュースターの3原色」と呼ばれ、長く画家や染色家によって活用されてきたもの。1731年にはこの3原色によって世界初の多色刷り印刷が登場しているんだ。でも実際には色再現が難しかったようだ。
ちなみに、ブリュースターは英国の物理学者で、光の屈折率の法則である「ブリュースターの法則」で有名。また万華鏡の発明者なんだよ。

・減法混色

　物体色の場合の原色は、色料の3原色と呼ばれるイエロー（Yellow）、マゼンタ（Mazenta）、シアン（Cyan）の3色である。原色を混ぜ合わせると元の色より暗くなり、3色を混色すると黒になる。カラー印刷は色料の3原色と黒を使って色を再現している事例で、減法混色と呼ばれる（図6・26）。

・併置加法混色

　非常に面積の小さな、異なった色の点や線が並んでいるのを、距離を離して見てみると、1色1色を知覚することができず視覚混合される。このような見え方は人間の眼の網膜上で混色されていると考えられ、併置加法混色と呼ばれる。または混色された色がそれらの色の中間の明るさに見えることから中間混色とも呼ばれる。この併置加法混色は、テレビやパソコンのモニター、印刷面、また点描画と呼ばれる絵画技法にも使われている。

印刷に使用されるプロセスカラー CMYK の K は Key Plate（基準となる版）の意。黒（Kuro）ではないよ。

新印象派の画家であったジョルジュ・スーラは、より明るい光を描く技法を編み出すために光学を勉強して、視覚混合という人間の目の仕組みを見つけたんだ。
この仕組みを活用して、絵の具をパレットで混ぜるのではなく、純粋な顔料を点で描く技法「点描画」を編み出したんだって（図6・27）。

6・5　色と質感

　デザインの基本構成は、形・色・質感である。これらの要素は相互に作用するため、色彩だけでデザインを完結させることはできず、同時に形や素材とのバランスを考慮する必要がある。特に、素材が持つ表面質感（テクスチャー）は、通常、触ることで感じられるものであるが、視覚から得られる質感もある。インテリアデザインにおいて、使用する素材の特性を知り、色の視覚効果と総合的に検討しながら空間イメージをつくりあげていくことが必要である。

参照：第9章「マテリアル」

1　光の反射と質感

　同じ色であっても、素材の持つ質感によって見え方が変わるが、これは物体面の光の反射特性の違いによるものである。たとえば、光沢性を持つ物体では、光が鏡面反射しピカッと光ったように見え、硬い印象を与える。またマットな反射面は、反射光が完全拡散反射するため柔らかい光となり、印象も柔らかくなる（図6・28）。

　また、光の反射と物体の明度との関係を見ると、一般的に反射率が高いと明度が高くなる（図6・29）。さらに、光沢性の反射面は、正反射方向から見ると明るく見えるが、それ以外の方向から見ると暗く見える。またマットな反射面は、反射光が全体に拡散するため、どの方向から見ても均一な明るさとなる。

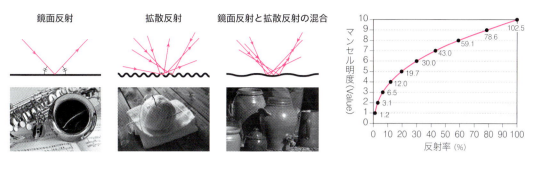

図6・28 光の反射と質感　　　　　　　　　　　図6・29 マンセルの明度反射率

2 色と質感

　色と質感はその特性を合わせることで相乗効果を持たせることができる。たとえば、冷たい印象を持つ金属素材には寒色系を組み合わせると、より硬く冷たい印象を与えることができ、マットな質感のカーテン生地は、暖色系や明るい色を選ぶことでより柔らかく感じさせ、温もり感を与えることができる。このように、色と質感は相互に補完しあう関係にあり、インテリアデザインのイメージをより繊細に緻密にコントロールすることができる。

参考文献
・大井義雄・川崎秀昭『カラーコーディネーター入門 色彩 改訂版』(日本色研事業株式会社、2002)
・アルバート・H・マンセル 著、日髙杏子 訳『色彩の表記』(みすず書房、2009)
・ヨハネス・イッテン 著、大智浩 訳『色彩論』(美術出版社、1971)
・大山正『色彩心理学入門』(中央公論社、1994)
・福田邦夫『決定版 色の名前507』(主婦の友社、2006)
・川上元郎『色のおはなし』(日本規格協会、1992)
・東京商工会議所 編『カラーコーディネーションの基礎 第3版』(中央経済社、2007)
・ジャン＝ガブリエル・コース 著、吉田良子 訳『色の力』(CCCメディアハウス、2016)
・鈴木孝夫『日本語と外国語』(岩波書店、1990)
・『岩波国語辞典 第3版』(岩波書店、1982)

第7章
内装・造作・開口部

インテリアの領域は、構造、工法、法規の点で建築に含まれている。それらの知識を役立て、与条件としての建築を積極的に活用しようとする姿勢は、インテリアデザイナーの資質として必要である。新築のみならず、上の写真のように、役割を終えた駅舎を観光案内所・休息所・カフェとして甦らせた事例でも建築的な知識は欠かせない。（写真：奈良市総合観光案内所）

7・1　建築の概要

建築は、屋根や外壁など外部からの干渉を防ぐ外装と、床や階段、間仕切り、棚やカウンターなど内部での活動を助ける造作・内装、両者をつなぐ窓や扉などの開口部、それらを支える躯体からできている。躯体・外装の耐用年数は造作・内装と比べ長い。躯体には、鉄筋コンクリートや木質パネル製の壁や、石、土、レンガなど塊状のブロックが積み上げられた壁が外装を兼ね、かつ屋根や内装を支える壁式構造と、木、鉄骨や鉄筋コンクリート製の柱と梁を組み合わせた構造体が外装と内装を支える軸組構造などがある。窓や扉は動作による摩耗などで一般の外装に比べ耐用年数が短く、また、デザイン、動線、採光、眺望、通風、換気などの点でインテリアに深く関わっている。

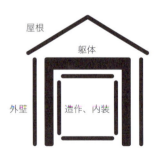

図7・1　外装、内装、躯体

壁構造、軸組構造以外に、気圧差や張力などを用いた特殊構造もあるよ。

7・2　造作・内装の概要と要点

造作・内装は人や物の動きと行為に適するように、躯体や開口に応じた間仕切りを設け、動線や床、天井の高さを整え、意図に応じ

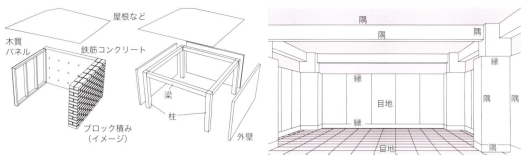

図7・2 躯体（壁構造と軸組構造）　　　図7・3 目地、縁、隅の関係

た用途、スタイル、グレードの工作物を設置して仕上げることをいう。いずれも「下地」と「仕上げ」の段階があり、下地は躯体構造に取りつき、設備類を内蔵し、人の認知や動作にフィットする寸法に整え、強度や安定性を確保する部材を組みつける。仕上げは見た目、触感に直接関わる仕上げ材を取りつけ、仕上げる。工法には、水などの溶媒を用いる**湿式工法**と、接着剤・釘・ネジなどを用いる**乾式工法**があり、躯体構造、法規、用途、デザイン、求められる性能などに応じて選ばれている。仕上げ材は、下地が組まれた後に室内側から施工され、仕上げ面を割りつけるように取りつけられる。その際、同じ材同士の境界を**目地**、異なる材との境界を**縁**、異なる仕上がり面との境界を**隅**と呼ぶ。目地、縁、隅の処理を納まりといい、開口部、造作、内装の強度、質感、印象に大きく作用する。

> 下地の寸法を調整し、開口部を含めた、天井、壁、床の目地、縁、隅のラインが整い「通る」ほど、室内が統一感を持つんだ。
>

7・3　内装

1　床

　床には物や人が置かれ、移動する。ときには水などの液体や、物が落ちることもある。そのため安定して荷重を支える強度や**耐磨耗性**、衝撃に対する**耐久性**、衝撃や冷気を緩和・吸収・遮断し、つまづかず、滑らない適度な歩き具合にする**安全・快適性**、そして汚れにくく、汚れても落としやすい**メンテナンス性**や経済性などの幅広い性能が求められている。

・架構式床下地

　束や軸材で組まれ、床レベルを調整する下地のこと。木製が主だが、乾燥収縮による床鳴りや虫害のないプラスチックや鉄鋼の束も用いられる。また、電気、情報通線用に床上げする束付きのフロアパネルシステム（**OAフロア**）もある（図7・4）。

> 下地はコスメならファンデーションのようなもの。下地がちゃんとしていないと、仕上げが上手くできないんだ。
>

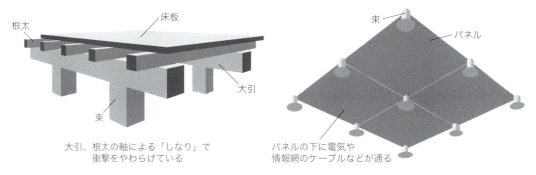

大引、根太の軸による「しなり」で
衝撃をやわらげている

パネルの下に電気や
情報網のケーブルなどが通る

フロアパネルシステム（見上げ）

図7・4　架構式床下地

・直塗床下地

商業施設などでは、通路やテナントごとの床仕上げ材の厚みの差をモルタル下地の厚みで調整する（図7・5）。

2　壁

壁は視線、音、風（空気、熱）、衝撃を受け止め、遮る。視点に近く手に触れやすいので質感と仕上がり精度、肌触りの意匠性・快適性、水・光・熱・薬品・磨耗・衝突への耐久性、汚れにくさと汚れの落ちやすさ、断熱・遮音や衝撃吸収の性能、また経済性・安全性への配慮が求められる。また、柱などの構造体を包むタイプを**大壁構造**、和室のように柱が露出しているタイプを**真壁構造**という。

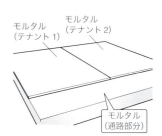

通路、テナントごとに異なる
仕上げ材の厚みの差を調整している
図7・5　直塗床下地

・湿式工法の壁

湿式工法による伝統的な壁は割竹を縦横に組み合わせた小舞下地（図7・6）に下塗り、中塗り、仕上げの3段階で各種土材を塗る。仕上げで漆喰などを塗ったものもある。

・補強コンクリートブロック壁

縦横の鉄筋で補強した中空コンクリートブロックを積み、目地をモルタルやコンクリートで充填する（図7・7）。厨房区画など防水と耐火が必要とされる場合に用いる。

・乾式工法の壁

木軸の胴縁や軽量鉄骨スタッド（LGS）などの軸組に石こうボードなどのパネルがネジ釘で固定された養生期間が不要な壁下地（図7・8、7・9）。**ラスボード**などの下地材を選択することで、モルタル、漆喰、珪藻土などによる湿式仕上げも可能である。

参照：壁の仕上げ材料→第9章「マテリアル」

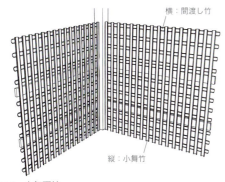

図7・6 小舞下地

図7・7 補強コンクリートブロック壁

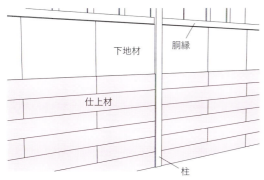

図7・8 木軸下地の真壁

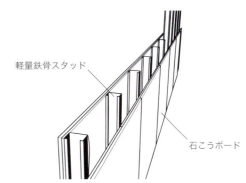

図7・9 軽量鉄骨下地壁

3　天井

　天井は構造体、設備機器類を隠し、室内のプロポーション、印象を整える。意匠的な自由度は高いが、災害時の破損、脱落、火災時の延焼遅延性を考えた材料と工法の選択が必要である。

・棹縁天井

　伝統的な和室では柱などに取りつけた廻縁に棹縁を掛け、天井板を載せる。天井裏に野縁と吊り木を設け、棹縁のたわみと室内の見た目（むくり）を調節する（図7・10、7・11）。

・打上天井

　上から吊り木が下がり、野縁受けと直交する野縁が吊られ、下から天井板が取りつけられる（図7・12、7・13）。

・軽鉄天井

　上から吊りボルトが下がり、ハンガーを介し、Cチャンネルと直交するMバーが吊られ、下から天井パネルが取りつけられる（図7・14、7・15）。

・直塗り天井

　コンクリート躯体に湿式材料を塗布する。下地への順応や塗布面の仕上がりの良さなどから薄めに塗り重ねる（図7・16）。

> 棹縁天井は室の大きさなどに配慮し、真っ直ぐな印象を与えるように、微妙に反りやむくりがついた曲面になっている。

> 棹縁天井では、天井板は棹縁の上に載り、下から支えられ、吊り木や野縁は天井全体のたわみ具合を調整する。打上天井では、実矧ぎ［→第9章2節（図9・6）］加工などを施した天井板が、下から釘を打上げることで固定される。吊り木、野縁受け、野縁は天井面を水平に仕上げるための下地である。

> 打上天井の吊り木、野縁受け、野縁が、軽鉄天井の場合は吊りボルト、Cチャンネル、Mバーということだね。

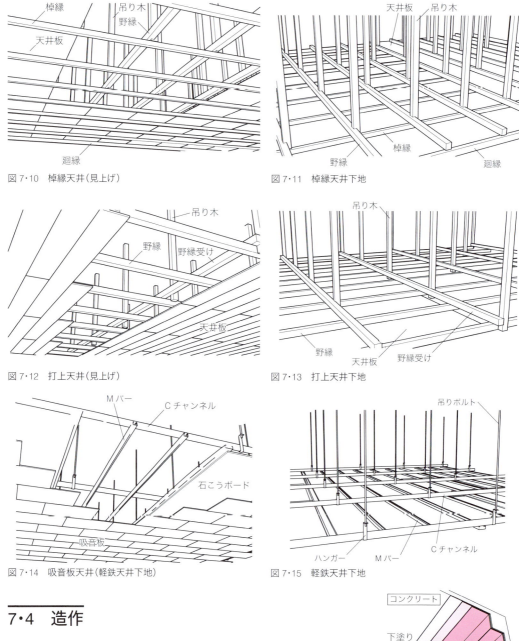

図7・10 棹縁天井（見上げ）
図7・11 棹縁天井下地
図7・12 打上天井（見上げ）
図7・13 打上天井下地
図7・14 吸音板天井（軽鉄天井下地）
図7・15 軽鉄天井下地

7・4 造作

建物内に造りつけられたもの、あるいはその構成材を造作という。装飾・移動・収納などの機能を担う開口部枠、階段、押入れ、クローゼット、マントルピース（暖炉飾り）、床の間などがあり、ここでは床の間について概説する。

図7・16 直塗り天井

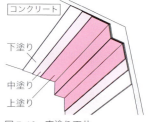

家具や造作は人の行動と室の用途を規定することがあるんだ。人の行動や空間をコントロールすることもできるよ！

1 床の間

和室の床の間は応接時の上座の背景となり、室の性格と方向を定

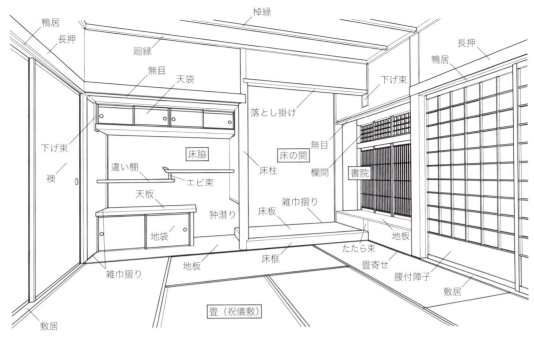

図7・17 和室と床の間

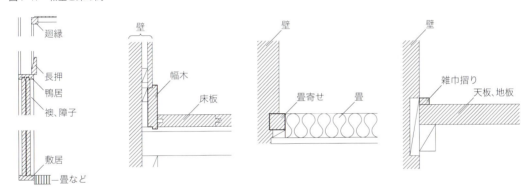

図7・18 和室各部の名称

める。各部分の構成には地域、格式、好みに応じたさまざまなバリエーションがある。

・床の間：掛け軸や置き物を飾る。床柱、落とし掛け、床板、たたら束、床框などからなる。
・床脇：飾り棚や収納が設けられる。狆潜り、無目、天袋、違い棚、エビ束、地袋、地板などからなる。
・書院：明かり取りの役割があり、省略される場合もある。無目、欄間、障子、地板などからなる。

2 和室各部

その他、和室に見られる造作には次のようなものがある（図7・17、

> 床の間は江戸時代中期ごろに身分（公家、武士、町人など）、地域（上方、江戸など）、用途（フォーマルからプライベートまで）ごとに徐々に分化し、定型化してきたんだ。

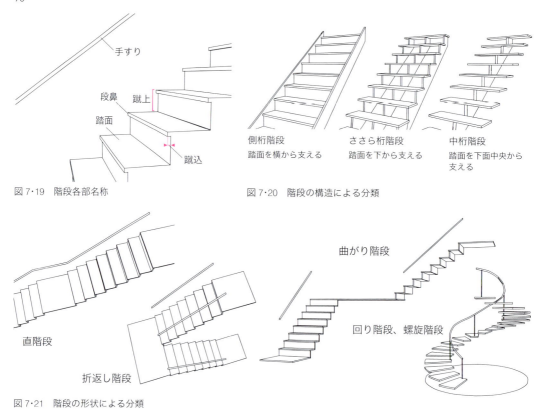

図7・19　階段各部名称

図7・20　階段の構造による分類
側桁階段　踏面を横から支える
ささら桁階段　踏面を下から支える
中桁階段　踏面を下面中央から支える

図7・21　階段の形状による分類
直階段
折返し階段
曲がり階段
回り階段、螺旋階段

7・18）。

- 敷居：障子、襖の下を支える床の水平材。外れ止めの溝がある。
- 鴨居：障子、襖の上を支える水平材。15mmほどの外れ止めの溝がある。同様の部位で溝のないものを無目という。
- 長押：鴨居の上につく化粧材。かつては構造材だった。
- 欄間：長押、鴨居上部につく採光、通風のための化粧部位。省略されることもある。
- 廻縁：天井と壁の境界の水平材。
- 幅木：壁と床の境界の水平材。
- 畳寄せ：畳と真壁の隙間を埋める水平材。
- 雑巾摺り：棚や地板と壁の境界の水平材。

3　階段

　階段、ハシゴは複数の床を重ね、遠くを眺め、限られた敷地を有効利用することができ、避難のための経路や、空間構成上のポイントにもなる。階段を含む垂直動線は、建物全体の通常動線、避難経路、延焼被害の軽減を目的として計画されるが、区画、寸法、仕上げなどの法的規制に配慮する必要がある。

先史時代の居住遺跡調査によれば、人類の祖先たちは、出入口のない壁を築き、囲いを設け住処としていたんだ。壁で外敵や野獣から身を守り、ハシゴで出入りしていたそうだよ。

・階段の各部名称と種類

階段は踏面（段の水平部）、蹴上（段の高さ）、蹴込（上下の踏面の重なり）、段鼻（踏面の先端）からなり、安全のため手すりを設けることも多い（図7・19）。また、構造や形状により側桁階段、ささら桁階段、中桁階段、直階段、折返し階段、曲がり階段、回り階段（螺旋階段）などの種類がある（図7・20、7・21）。

・階段の設計における留意事項

人体の静止、動作寸法を考えると、勾配30〜35°、手すり径35〜40mm、手すり高さ750〜850mm、手すりと壁の隙間寸法40mm以上程度が望ましい。

階段に限らず段差など、人の動作が変わる場所では、つまづき事故が起こりやすく、認知を促すさまざまな対策が取られている。

また、段鼻は蹴られ、擦られ、物がぶつかる環境にあり、傷みやすい。強度、耐久性、互換性に配慮することが必要である。

階段の法規制は用途、設置場所によって異なるが、住宅であれば蹴上230mm以下、踏面150mm以上、有効幅750mm以上と定められ、不特定多数者が利用する建築では手すりまたは側壁高さは1100mm以上と定められている。

参照：階段のユニバーサルデザイン→第5章2節「住宅のデザイン」

7・5　開口部

開口部は、壁や天井に設けられた窓や扉、戸といわれる部分の総称である。人、物、光、風、音が出入りし、採光、眺望、通風、換気の役割を果たす。枠、可動部分の建具、補助部材からなり、開放時の機能と同時に、閉鎖時の防犯、防災、断熱、遮音性能への配慮が求められる。

開口部は、室内側、屋外側双方からの検討が必要だよ。たとえば、住居など室内で過ごす時間が長いものや、商業施設など外へのアピールが大事なものなど、用途に応じてデザインのポイントが変わるんだ。

1　開閉の方式（図7・22）

・上下左右に平行移動して開閉するタイプ：引き、スライド、シーベといい、片引き、引き違い、上げ下げがある。雨戸、網戸、カーテン、ブラインド類との組み合わせ自由度が高い。

・前後に平行移動して開閉するタイプ：パラレルといい、防犯と換気を両立する。

・吊り元（ヒンジ）を軸に回転して開閉するタイプ：開き、ドレーといい、両開き、片開き、回転、突出しのほか、開き方向の内外、軸の縦横のバリエーションがある。一般に平行移動タイプより密閉

参照：第8章3節「ウィンドウトリートメント」

開閉の方式は掃除のしやすさとも関係しているんだ。内開き、回転、滑り出しは室外側の掃除がしやすいよ。

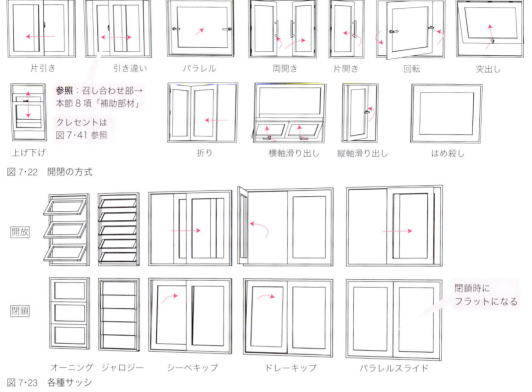

図7・22 開閉の方式

図7・23 各種サッシ

性が高く、開き方向と雨戸、網戸、カーテン、ブラインド類との組み合わせに注意を要する。

・**平行移動と回転が組み合わさったタイプ**：滑り出し、折りなどがある。雨戸、網戸、カーテン、ブラインド類との組み合わせには注意を要する。

軸が固定して動かないタイプを「開き」、軸が持ち送りで動くタイプを「滑り出し」というよ。

・**開閉しないタイプ**：はめ殺しという。ショーウィンドウなどに用いる。

2　各種サッシ

気密、断熱、防音などの機能性を高めるために、建具、枠、補助部材が一体となったものをサッシと呼ぶ（図7・23）。

・**オーニング、ケースメント**：多段滑り出し窓のことをいい、換気と採光を兼用する。横軸タイプをオーニング、縦軸タイプをケースメントという。小窓で防犯性が高い。

・**ジャロジー、ガラスルーバー**：複数のガラス製ルーバーの水平回転により開閉する窓で、目隠しと換気を兼用する。上下枠がなく結露の排出が良い。

ジャロジーは枠がないため、気密、防犯の性能は高くないんだ。外部格子などとの併用が望ましいよ。

・**シーベキップ**：閉鎖時に内倒し可能な引き窓で、換気と防犯を兼

用する。
・ドレーキップ：閉鎖時に内倒し可能な開き窓で、換気と防犯を兼用する。
・パラレルスライド：可動部が一旦前後に、次に平行移動し開く窓で、閉鎖時、枠と可動部がフラットになり見栄えが良い。

図7・23に示したものの他にも多様なサッシが開発されている。
・ヘーベシーベ：ハンドル操作の大型スライドサッシ。全面窓などに使われる。
・多重サッシ：サッシを複数重ねたタイプで、断熱、遮音性能が高い。
・複層ガラス（ペアガラス）サッシ：サッシに複層ガラスを入れたタイプで、断熱性能が通常ガラスのタイプより向上している。
・ブラインド内蔵サッシ：ペアガラスの間にブラインドを内蔵したタイプ。
・木＋アルミサッシ：室内側に木、屋外側にアルミを用い、耐久性と意匠性を兼用させたタイプ。
・樹脂サッシ：耐候性塩化ビニル樹脂製で、断熱性が高く結露が起こりにくい。

参照：第9章9節「ガラス」

3　建具の概要

開口部の可動部分を建具という。四周の枠（框）と、内側の鏡板の組み合わせを框組構造といい、建具に用いた場合、框戸と呼ぶ。重厚な印象で、鏡板にガラス、ルーバーを用いたものもある。四周と補強の桟で組んだ芯（コア）に、貼り板と小口貼を貼った板をフラッシュパネルといい、建具に用いた場合、フラッシュ戸と呼ぶ。軽量、シンプルで芯、貼り板、小口貼にさまざまなバリエーションがある（図7・24）。

4　戸枠の概要

建具がつく枠を戸枠といい、建具を保持し、取りつけ部とその周辺を補強、保護する。建具のない、枠だけのタイプもある。設置部の表裏双方の意匠、機能、性能に関わり、寸法、材料、仕上げに双方側からの検討を要する（図7・25）。

框戸は現場に合わせた切削の微調整が可能だが、フラッシュ戸は小口貼の材質次第では調整不可能の場合もあるんだ。

框組とフラッシュパネルはテーブルの天板など家具でも用いられるよ。

安全面からは軽い建具、防犯面、防音面では比重の高い建具が優れているよ。

枠は建具と同様に酷使され、交換することが難しいため、堅木など品質の良いものを選びたい。

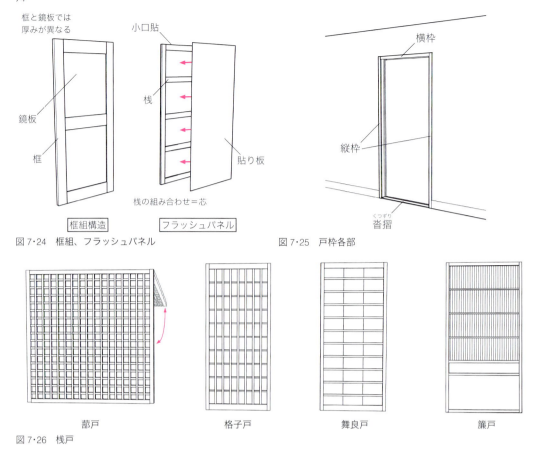

図7・24 框組、フラッシュパネル　　図7・25 戸枠各部

図7・26 桟戸

5　桟戸

日本の伝統建具を総称して桟戸といい、蔀戸、格子戸、舞良戸などがある（図7・26）。

- **蔀戸**：板の表裏に格子を組んだ上吊り式の開き戸。社寺建築に多い。
- **格子戸**：框と桟を組んだ戸。板、ガラスを入れる場合もある。門、玄関に多い。
- **舞良戸**：細身の框に舞良子と呼ばれる横桟を多数組み合わせ、薄板を貼り、強度を確保しつつ、軽量化した戸。雨戸の前身とされる。
- **簾戸**：御簾戸、夏障子ともいう。萩や葦、竹籤などでつくった簾をはめ込んだもの。日射を遮り、風を通す夏の調度品である。

6　障子

障子は細身の桟戸に透光性の紙を貼った建具兼可動間仕切りで、下記以外にも多様なタイプがある（図7・27）。

- **水腰障子**：全面桟のタイプ。傷みやすく、取り扱いに注意する。
- **腰付障子**：補強と破損軽減のため、下部が腰板となっている一般

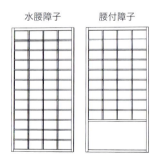

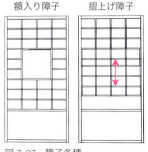

図7・27 障子各種

第 7 章　内装・造作・開口部　　95

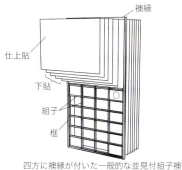
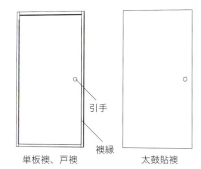

図 7・28　襖の構造　　　　図 7・29　各種襖

的なタイプ。
- 東(あずま)障子：紙の代わりにガラスを入れたタイプ。
- 額入り障子：部分的にガラス入りの額を設けたタイプ。
- 摺上げ障子：雪見障子ともいい、部分的に開き外が見えるタイプ。

7　襖(ふすま)

襖は、建具兼可動間仕切りの機能を持つ。框と組子を組んだ芯に襖紙を何重にも重ね貼り、四周に襖縁(ふすまぶち)をつける。下記以外にも多様なタイプがある（図 7・28、7・29）。
- 単板襖：合板などを芯としたタイプで、安価で丈夫だが重い。
- 戸襖：片面を板戸としたタイプで、和洋室間の間仕切りなどに用いる。
- 太鼓張襖：襖縁のないタイプで、茶室の茶道口などに用いる。
- 源氏襖：一部に採光用の障子がはめ込まれたタイプ。

8　補助部材

開口部には開閉補助、防犯、破損防止などのために多くの付属品がつく。見た目と扱いやすさ、性能を兼ね備えた多種多様な部材、またそれにともなう留意事項がある（図 7・30）。

9　錠前

錠前は、防犯、プライバシーを確保するため建具を閉じるもので、操作部（ハンドル、ノブ、サムターン）、締り機構（閂(かんぬき)、ケース、キー、シリンダー）、受け（ストライク）よりなる（図 7・31）。
閂には風圧などでの誤開放を防ぎ、操作部と連動する仮締り閂（ラッチボルト）と、物理的に閉位置で固定する本締り閂（デッドボルト）がある。

> 江戸期以降、日本の都市型住宅は借家が多く、雨戸までが家主のもので、戸襖や障子は借主が用意したそうだよ。今日、部屋のカーテンを選ぶように襖や障子を選んだに違いなく、バリエーションが豊富なのはこんな事情があったんだろうね。

> 家具金物にも同様のものがある。[→第 8 章 2 節「移動家具」6 家具金物]

> ケースごと交換しなくても、キーとシリンダーだけを交換することで、鍵を変えるタイプのものもあるよ。

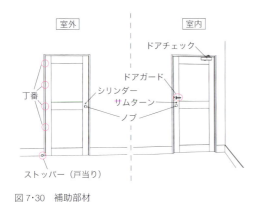

図 7·30 補助部材

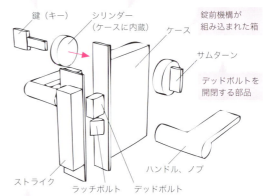

図 7·31 錠前各部（シリンダーケースロック）

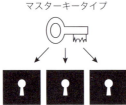

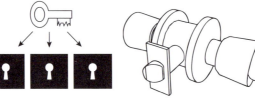

図 7·32 キーシステム

図 7·33 円筒錠（モノロック）

シリンダーと鍵（キー）には、1対1で開閉できる通常タイプのほか、多数の本体を解錠できる単体鍵（**マスターキー**）タイプ、多数の鍵で解錠できる単体本体（**逆マスターキー**）タイプなど、防犯性と利便性に配慮した多様な対応関係があり、キーシステムと呼ぶ（図 7·32）。

・錠前の種類

・シリンダーケースロック：本締り、仮締り機構とハンドル、ノブがケースに一体化されたタイプで、建具内蔵の彫込み型、建具内面につく面付け型がある。

・円筒錠（モノロック）：屋内錠に用いる、仮締りが本締りを兼用するタイプ（図 7·33）。兼用しない本締付き円筒錠（インテグラルロック）もある。

・本締錠：補助錠、追加錠前に用いる本締り機構のみの錠前。

・鎌錠：鎌と呼ばれる閂を振り出して施錠するタイプで、引き戸に用いる（図 7·34）。

・引き違い錠：縦框につくタイプで、引き違い戸の召し合わせ部

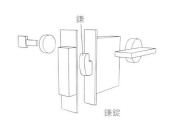

図 7·34 鎌錠、引違錠

参照：召し合わせ部→本章 5 節「開口部」（図 7·22）

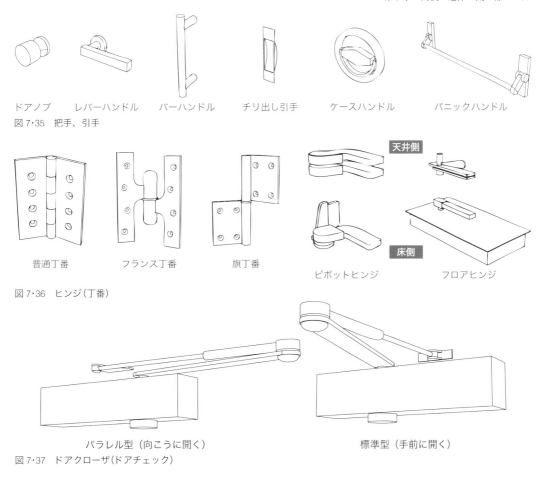

図7・35 把手、引手

図7・36 ヒンジ（丁番）

図7・37 ドアクローザ（ドアチェック）

分に用いる（図7・34）。

10　その他の部材

・**把手、引手**：建具の操作部を、開き戸は把手（とって）、引き戸は引手（ひきて）と呼び、形状、材質、操作法、用途（機能）に応じてドアノブ、レバーハンドル、バーハンドル、チリ出し引手、ケースハンドル、パニックハンドルなど、多様なタイプがある（図7・35）。

・**ヒンジ（丁番）**（ちょうつがい）：開き戸、窓の回転軸。縦枠につく丁番（普通、フランス、旗）、床と上枠につくフロアヒンジ、ピボットヒンジなどがある（図7・36）。

・**ドアクローザ（ドアチェック）**：開き戸の開閉速度を緩和する部品。内開き用の標準型、外開き用のパラレル型、扉に内蔵されるコンシール型がある（図7・37）。

・**ドアハンガー**：上吊式引き戸用の部品。レール、戸車、振れ止め（ガイド、ガイドレール）からなり、バリアフリー対応などで床面にレ

> 把手、引手には日常時の意匠的な側面と非常時の機能的な側面がある。ケースハンドルやパニックハンドルは非常用避難経路上にある防災用の扉に用い、日常ではほとんど触れることはないんだ。

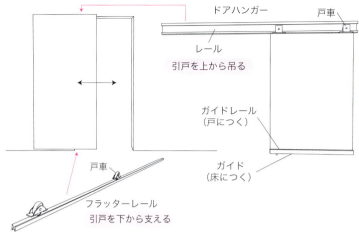

図7・38 ドアハンガー、戸車、レール

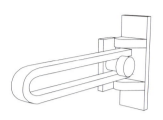

図7・39 ドアガード

図7・40 ドアアイ

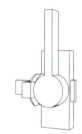

図7・41 クレセント

図7・42 ストッパー(戸当たり)

ールをつけたくない場合に用いる（図7・38）。

・**戸車、レール**：引き戸、扉につき開閉をスムーズにする部品。荷重や設置場所に応じさまざまな形状、サイズ、材質、構造のレール、戸車がある。床にはV字型断面の埋込み式で引っ掛かりの少ないフラッターレールが多用される（図7・38）。

建具の部材には、その他にもさまざまなものがある（図7・39〜7・44）。

・**ドアガード（ドアチェーン）**：開き戸を限定的に開けたり、あるいはオートロックの扉を閉じてしまわないようにする、防犯と換気、管理のための部品（図7・39）。

・**ドアアイ**：扉を閉めた状態でも外部を見ることができるようにする金物。玄関ドアなどに用いる（図7・40）。

・**クレセント**：引き違いサッシなどの召し合わせ部分につく、密閉と防犯のための部品（図7・41）。

・**ストッパー（戸当り）**：扉が開いたとき、壁などとの接触による破損を防ぐ部品（図7・42）。

・**フランス落とし**：建具の小口についたレバーにより、戸の上枠や沓摺に設けられたストライクに閂が上下し、閉まる金物のことで、両開き戸の普段開けない部分に用いる（図7・43）。

・**クレモンボルト**：横枠に取りつけられたストライクに、上下に動く閂で施錠する金物。両開き窓などに用いる（図7・44）。

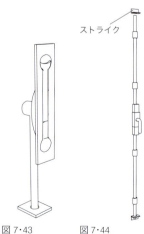

図7・43　図7・44
フランス落とし　クレモンボルト

第8章 エレメント・装備

可搬性があり、時期に応じてセッティング、レイアウト変更可能なものを調度、装備という。移動家具、器具類、窓飾りから生活用品、装飾品、植物、収集品など、室内にあるものはすべてインテリアの要素（エレメント）となる。たとえばテーブルウェアは、グラス、プレートとカトラリーが組み合わさり食事に使われる（図8・1）が、家具、装飾、調度、内装と相まってメニューや会食の効果を高めている。（写真：Komaneka at Monkey Forest Bali）

8・1 照明器具

適度な明るさの下で、人は思い思いに活動できる。明かりなくして現代の生活はなく、照明は生活環境のインフラストラクチャーである。

1 全般照明、局所照明

均一な明るさに比べ、適度な明暗対比がある場合、視線は明るい方へと誘導される。それを利用し対象以外の明るさを減らすことで、快適さとエネルギー効率が両立する。対象以外、すなわち環境全体の照明を全般照明、またはアンビエント照明、対象の照明を局所照明またはタスク照明という（図8・2）。

2 照明器具と配光特性

照明器具には対象を照らす局所照明向き、反射拡散光で環境に明るさを与える全般照明向き、あるいはその双方を意図した特性が与えられている。これを配光特性といい、それぞれ直接照明、間接照明、半間接照明という器具の区分があり、目的に応じた器具選定の

図8・1 テーブルセッティング

アイテム（エレメント）同士の組み合わせ（コーディネート）でさまざまなイメージが演出できるんだ。

参照：照明の概要→第4章7節「電気設備」

図8・2 タスク・アンビエント照明　　図8・3 配光特性による区分

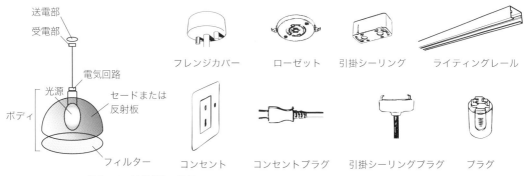

図8・4 照明器具の構成と電源接続部分の種類

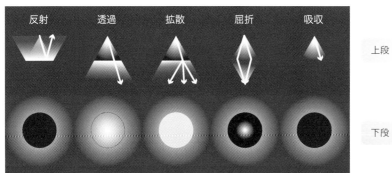

図8・5 光の制御操作

助けとなっている（図8・3）。

3　照明器具の構成と種類

　照明器具はボディ、セード、反射板、フィルター、光源よりなり、多くは電気をエネルギー源とし、電源との接続の仕方にはさまざまなタイプがあるため、適合性に注意が必要である（図8・4）。

　セード、反射板、フィルターは、光を制御する反射、透過、拡散、屈折、吸収の5種の操作を光源に加え、配光特性を変化させる（図8・5）。

　光源にはガスが充填された電極つきのガラス球、半導体チップ、

　コーブ照明　　　コーニス照明　　バランス照明　　光天井、光壁、光床　　光天井、光壁、光床
　　　　　　　　　　　　　　　　　　　　　　　　　（グラデーションタイプ）　（フラットタイプ）

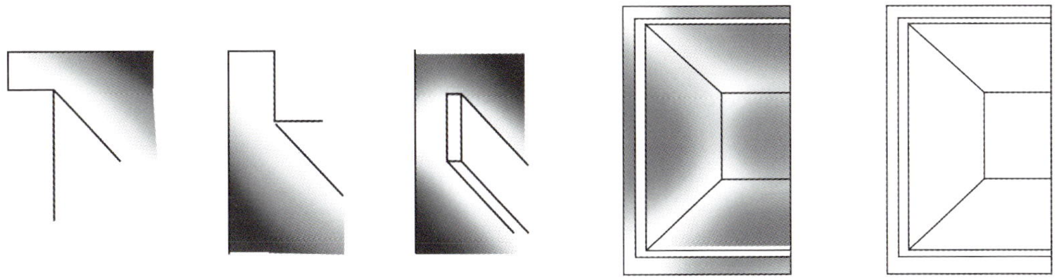

図 8·6　建築化照明

高分子ポリマーの薄膜などがあり、それぞれの特性を活かした異なる原理で発光する。

　他に、焚木、ロウソク、アルコールなどの燃料を燃やす演出用照明、停電などの非常時に点灯、誘導する非常用・避難用照明がある。

4　建築化照明

　天井、壁、床の反射、拡散、透過を利用し天井、壁、床、カーテンなどを照らす間接照明を**建築化照明**という（図 8·6）。壁のくぼみから天井や床を照らす**コーブ照明**、天井のくぼみから壁を照らす**コーニス照明**、カーテンボックスやカーテンのバランスなどから壁や天井を照らす**バランス照明**があり、また、透過、拡散性の仕上げ材によって天井、壁、床の全体、ないし一部が光るものを光天井、光壁、光床という。

5　主な照明器具の種類

　対象を照らす**直接照明**としてダウンライト、スポットライトがある。光源を屈折拡大、拡散する全般照明として、シャンデリア、シーリングライト、環境を整える**間接照明**には足元灯などがある。直接、間接、半間接の複合型としてペンダント類、ブラケット類、スタンド類などがあり、それらを組み合わせて用いる（図 8·7）。

6　光源（表 8·1）

・白熱電球

　高温で発光するタングステンフィラメント電極付きの、アルゴン、窒素など蒸発防止用不活性ガスが封入されたガラス球。封入されたガスで特性が変わり、クリプトンランプ、ハロゲンランプなどの別称で呼ばれる。即応性に優れ電圧変化による明るさの制御が容易で

参照：バランス→本章 3 節「ウィンドウトリートメント」（図 8·17）

日ざしを受けて柔らかに光を透かす障子は光壁の一種といえるかもしれないね。

参照：配灯シミュレーション→第 13 章

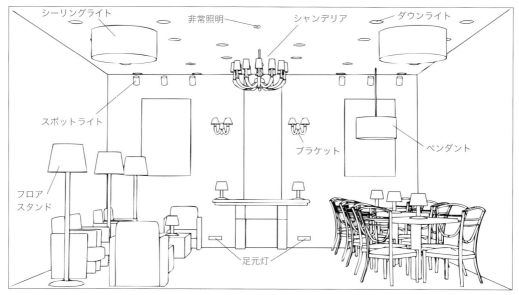

図 8·7　主な照明器具

あるが、投入エネルギーに対する可視光変換効率が低く、特に内壁に拡散物質（シリカ）が塗布されたアルゴン、窒素タイプは発光効率と寿命の点で他の光源に代替されつつある。

・蛍光灯

両端に電極がつき、内壁に蛍光物質が塗布されたガラス管。中にはガスが封入され、両端から電圧をかけると紫外線を発生し、蛍光物質を刺激し、管全体が発光する。電極負荷が低く白熱電球より高効率、長寿命だが、起動回路、安定器を要し、即応性や演色性は低い。また、頻繁な点滅は寿命を縮める。色温度の異なるもの、蛍光物質の組み合わせで演色性を向上したもの、白熱電球の取り替え用に起動回路、安定器を内蔵しているものなどがある。

参照：光と色について→第 6 章 4 節「色とは何か」

参照：演色性→第 4 章 7 節「電気設備」

・高輝度放電ランプ（HID）

高温発光管を内蔵したガラス球。封入されたガスの放電により発光する。大光量、高輝度、長寿命で、ガスの種類、濃度により演色性、発光効率、寿命が変わる。起動回路、安定器を要し、起動から安定発光まで、ないし一旦停止後の再起動に時間を要す。また、ランプの設置方向が制限されているものがある。メタルハライドランプ、水銀ランプ、高圧ナトリウムランプなどのタイプがある。

・LED

発光する半導体のチップ。構造が単純でコンパクト、低電圧で作動し、発光効率が高く省エネルギー、寿命も長く、色温度と演色性の制御も容易である。半導体ゆえ高温には弱く、高輝度、大光量の

表 8・1 光源の種類

名称		姿図	寿命 (時間)	起動 時間	点灯回路	調光	省エネ 性能	特徴
白熱電球	シリカランプ		1000	すぐに点灯	不要	可	★	高演色
	クリアランプ		1000					高輝度
	クリプトンランプ		2000					小型 長寿命
	ハロゲンランプ		2000 〜4000					超小型 高輝度点光源
蛍光灯	菅型		8000 〜12000	数秒かかる	必要	一部可 (通常不可)	★★	拡散光
	電球型		6000 〜8000			不可		シリカランプの代替として使われる
HID	メタルハライドランプ		6000 〜16000	一定時間を要す	必要	一部可 (通常不可)	★★	高輝度 大光量
	水銀ランプ		6000 〜12000					低演色 大光量 長寿命
	高圧ナトリウムランプ		9000 〜24000					低演色 大光量 超長寿命
LED			40000	すぐに点灯	必要	一部可 (通常不可)	★★★	超小型 高効率 色温度制御
有機 EL			8000 〜40000	すぐに点灯	必要	一部可	★	薄型形状 全面拡散光

株式会社 遠藤照明「光のウェブマガジン『光育(ヒカリイク)』」〈http://www.hikariiku.com/〉ほかを参考に作成

用途には原理的に不向きである。蛍光灯、白熱電球に代替するもの、照明器具と一体化したものなどがある。

・有機 EL

電圧をかけると発光する有機、無機、低分子、高分子ポリマーの膜。照明、ディスプレイに向くとされている。

図8・8　椅子の種類と機能

図8・9　テーブル各種

8・2　移動家具

　家具は身体や器物を支え、収納することで人の動作、行為と空間の用途を規定している。

1　椅子

　椅子は作業、食事、休息時に足腰を支え、姿勢を保持するのに用いる。設置場所、使途や形状ごとにダイニングチェア、イージーチェア、スツール、カウチ、ソファ、デスクチェア、ベンチなどのタイプがあり、付加機能として**スタッキング**（積み重ね収納）、**フォールディング**（折り畳み）などがある（図8・8）。

2　デスク、テーブル

　デスク、テーブルは業務、会合、食事、談笑、読書、遊戯などの際、道具や小物を一時的に並べるのに用いる。一方向から使うものをデスク、人々が対面し囲んで使うものをテーブルといい、設置場所や利用形態でダイニング、ワーキング、ロー、サイド、ナイトなどのタイプがある。また、付加機能として**ネスト**（入れ子式）、**バタ**

家具もリフォーム可能なものが多く、アレンジを加えたり、張地などの仕上げを更新することもできるよ。

設置場所と内容物の形状、量、検索、取り出しやすさなどの機能性と配置の美しさの合理的解決は、建築・都市の計画にもつながる考え方なんだ。

「社長の椅子」や「議論のテーブル」などの言葉のように、家具は機能のみならず社会的認知や、行為の象徴でもあるね。

次ページの鳥居の椅子（図8・12）のように、アイデンティティを表すものもあるね。

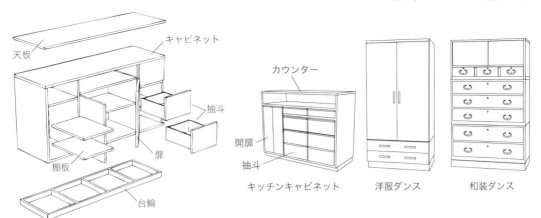

図 8・10　収納家具各部名称　　図 8・11　いろいろな収納家具

フライ（天板折り畳み式）などがある（図 8・9）。

3　収納家具

収納家具は各室の用途に応じ、備えられる道具、小物、装飾品などを収容、保管、展示するのに用いる。収納するものに対する容量や形状の適切さと同時に、探しやすさ、取り出しやすさも重要である。設置場所と用途に応じた外形寸法、想定される内容物の種類やサイズ、量に対応した既製品があるが、設置場所、内容に最適化させるため、特注で製作する場合もある。

4　収納家具の構造

無垢や**框組**、**フラッシュ構造**［→第 7 章 5 節「開口部」図 7・24］のパネルを組み合わせた箱（**キャビネット**）と支持部分（**台輪**、脚）からなり、それに天板、棚板、扉、抽斗などが内容物、デザインに応じて設けられる（図 8・10）。

5　ベッド

ベッドは休息、睡眠に用いる台で、フレーム、すのこ、マットレスからなり、ヘッドボード、フットボード、スプリングなどのオプションがつく。ヘッドボードとフットボードがついたヨーロピアン、ヘッドボードのみがついたハリウッド、ヘッドボードなどを持たないフレームのみのホテルなどのスタイル、マットレスとすのこを組み合わせたシングルクッション、スプリングとマットレスを組み合わせたダブルクッションなどのタイプ、さらに幅による呼び方など多くの区分がある（図 8・13、8・14）。窮屈さを感じない幅は肩幅＋

> 椅子やテーブルなどの家具は、既製品だけでなく、その空間に見合った唯一無二のものをデザインすると、さらに豊かな空間になるよ。メーカーにもよるが、おおよそ 50 脚以上のロットがあれば、既製品と同等の価格帯でオリジナルのものがつくれるよ。

© Satoshi Asakawa

図 8・12　ある神社のために製作された、大鳥居を模した椅子（橋口新一郎）。背もたれのカーブを活かし、後ろから見ると鳥居のように見えるデザインとした。

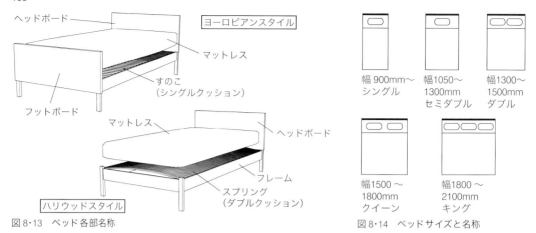

図8·13　ベッド各部名称

図8·14　ベッドサイズと名称

300mmが目安とされている。

6　家具金物

家具の組み立て、可動、補強、保護、機能強化に用いる金具、補助部品のことで、紹介するもの以外にも、新しい機能を持つ多様な部品が盛んに開発されている（図8·16）。

- **ノックダウン金物**：収納、組み立て式家具など、設置場所で組み立てることで、運搬、搬入しやすくするのに用いる。ピンとカムを組み合わせ、簡単な道具で部材同士を緊結する。
- **丁番**：開き扉の軸に用いる。長手の長丁番、扉の小口面に内蔵され、閉鎖時に金物が隠れる隠し丁番のほか、さまざまな種類がある。[→第7章5節「開口部」10 その他の部材]
- **スライド丁番**：滑り出し扉に用いる。軸がスライドしつつ開く。設置脱着、調整が容易で、インセット（枠収まり）、アウトセット（枠被せ）のタイプがある。
- **フラップステー**：折り畳み甲板の補強と水平保持に用いる。
- **キャッチ、掛金**：扉が不用意に開くのを防ぐのに用いる。
- **錠前**：抽斗、ショーケースなどにつき、保安、管理のために用いる。[→第7章5節「開口部」9 錠前]
- **スライドレール**：抽斗の出入りを円滑にする。
- **ハンドル、把手**：扉、抽斗につく手掛かり。プッシュ式、埋込式、引出式などがある。
- **脚先金物**：椅子、ワゴンの脚先や底面につく。ガタつき調整のアジャスター、床面保護のグライドやドメス、可動・固定を切り替えられるキャスターなどがある。

また、地震時の収容物飛散防止用に扉を閉めておく掛金、上置家

窓と同様に、軸が固定して動かないタイプを開き扉、軸が持ち送りで動くタイプを滑り出し扉というよ［→第7章］。

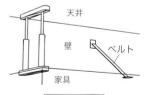

突っ張り部材

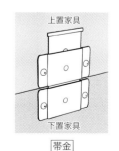

帯金

図8·15　地震対策

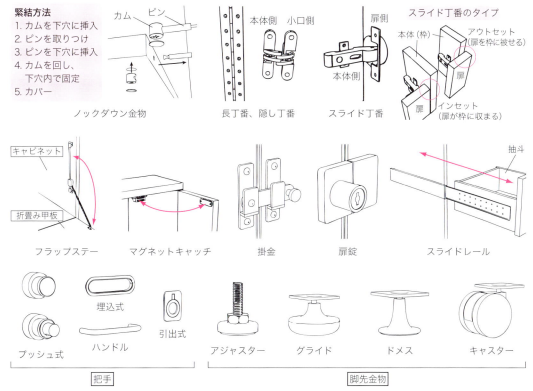

図8・16　家具金物

具のズレ落ち防止用の帯金、タンスなど背の高い家具の転倒防止用に天井との間で伸縮する突っ張り部材、壁面から家具を引っ張るベルトなどがある（図8・15）。

7　家具の留意点

通常の家具は屋内での静止利用を想定しており、一般的に、建築本体に比べ繊細なため、以下の点に注意する。
・長期間の直射日光、冷暖房の直射、水分、湿気は避けること。
・水平面に設置し、斜方向など想定外の応力をかけないこと。
・ほこり、汚れは適切に除去し、清浄を保つこと。

参照：家具の塗装→第9章5節「塗料」

8・3　ウィンドウトリートメント

開口部、特に窓に付随したものを総称して**ウィンドウトリートメント**という。スタイル、カラー、コーディネートによる意匠性とともに、日照、採光、視線、音、冷気や熱気を制御する機能性を兼ね備えている。

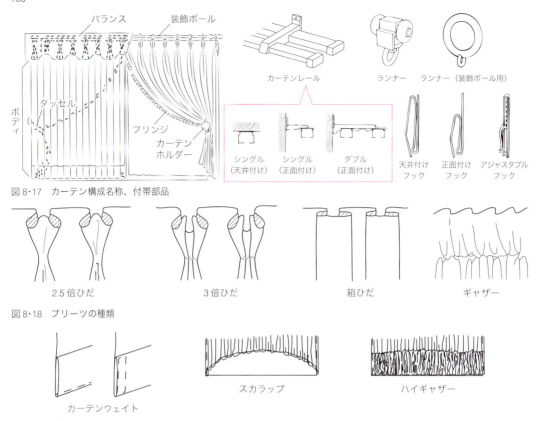

図8・17 カーテン構成名称、付帯部品

図8・18 プリーツの種類

図8・19 ボトムのオプション

1　カーテン

カーテンは水平に開閉する布で、装飾、目隠し、日差しの制御、断熱、吸音などの多様な機能がある。そのため、素材、組織（織り方）、仕立て方、色、柄、模様、厚みなどの種類が豊富で、多様なイメージやニーズに対応する。

2　カーテンの各部名称と付帯部品

吊り元部分をトップトリートメントといい、レール、ランナー、フック、または装飾ポールやバランスからなる。中間部分をボディといい、カーテン幕に、縁飾り（フリンジ）、幕をまとめる房掛け（タッセル）もしくはカーテンホルダーなどのオプションがつく。裾部分をボトムといい、ウエイトや裾飾りなどのオプションがつく。トップ、ボディ、ボトム、それぞれに多様なスタイルとバリエーション、オプションがある（図8・17）。

・**カーテンレール**：窓枠などにつき、可動コマのランナー、フックなどとともにカーテン本体を吊るのに用いる。1層吊り用のシングル、2層吊り用のダブル、壁側につく正面付け、天井ないし窓枠の下

ウィンドウトリートメントは室内側からのみならず、開放時や屋外側からの状態も検討する。

ウィンドウトリートメントは既存の窓などの開閉、開き方向と干渉することもあり、相性に注意する必要があるよ。

ヨーロッパのカーテンスタイルやオプションは、和室での襖や障子、欄間飾りのように多くのバリエーションがあるね。

 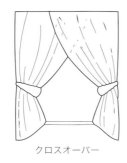  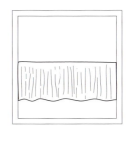

センタークロス　　クロスオーバー　　セパレート　　カフェ

図8・20　カーテンスタイル

面につく天井付け、意匠性を重視した装飾ポール、または、曲面吊りに対応したタイプなどがある。

・**フック**：カーテン本体につき、ランナーにカーテンを掛けるのに用いる。カーテン上端からカーテンレールが出る天井付け、カーテンレールを隠す正面付け、調整可能なアジャスタブルなどのタイプがある（図8・17）。

・**プリーツ**：カーテン生地を寄せてつくるひだ。柔らかさとボリュームを演出するほかに断熱性、遮音性を上げる。ひだなしから箱ひだまでさまざまな寄せ方があり、仕上がり幅に対し1～3倍幅程度の生地を必要とする（図8・18）。

・**カーテンウェイト**：テープなどとともに裾に仕込み、ひだを保ち、広がりすぎを抑えるのに用いる。

　ボトムの仕立てには、円弧状に仕立てたスカラップ、ギャザーを加えたハイギャザーなどのスタイルがある（図8・19）。

　カーテン全体の吊り方にはセンタークロス、クロスオーバー、セパレート、カフェほか多様なスタイルがある（図8・20）。

3　カーテンの生地による区分

　カーテンは以下のように生地の厚みや組織で分類される。

・**ドレープ**：遮光、遮音、保温性の高い厚手のタイプ。織りや染めによる豊富な色使い、柄模様から、反復模様、無地に至るまでさまざまな生地がある。また、裏打ちなどを施し、より遮光性を高めたタイプもある。

・**シアー**：明暗の状況によって見え方が変わる薄手のタイプ。明るい側からは日射、視線を反射して目隠しとなり、暗い側からは向こう側を透けて見せる。

・**レース**：編み布を用いた透けるタイプ。編みパターンが豊富で、

> シアーカーテンの効果は目の細かい格子や網戸などでも見られるね。

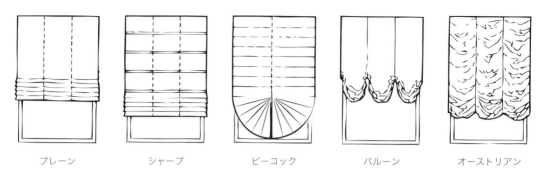

図8・21 シェードのスタイル

プレーン　　シャープ　　ピーコック　　バルーン　　オーストリアン

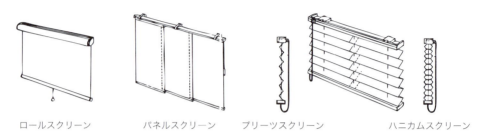

ロールスクリーン　パネルスクリーン　プリーツスクリーン　ハニカムスクリーン

図8・22 スクリーンのスタイル

シアーより透過性が高い。

・ケースメント：1枚吊りによく使われる、ドレープとシアーの中間程度の厚みのタイプで、光は通すが視線は通さない。

4　シェード（ローマンシェード）

シェードは垂直に開閉する布で、カーテンと同様の働きがある。

プレーン、シャープ、ピーコック、バルーン、オーストリアンなどのスタイルがあり、昇降機構や生地の仕立て方次第で、シンプルからデコラティブまで多様なイメージに仕上がる（図8・21）。

5　スクリーン

スクリーンはウィンドウトリートメントのほか、仕切り、投影面、サインなどにも用いられる膜状のものをいい、日射などの光、視線を遮り、または、透過、反射し映像を映し出すほか、可動の間仕切り、閉店サインなどに用いる。巻き上げ式のロールスクリーン、横にスライドさせるパネルスクリーン、折り畳み式に昇降開閉するプリーツスクリーン、プリーツを貼りあわせて5〜6角断面とし、保温性を高めたハニカムスクリーンなどがある（図8・22）。

生地には、布以外の不織布、紙、籤（ひご）などの素材や、遮光性の高い厚手から透過性の高い薄手まで、さまざまな種類がある。

> 引き違い窓の多い日本では、カーテンとの組み合わせが、シェード等に比べて使い勝手が良い。シェードやロールスクリーン、御簾は部分的に閉めて、日差しを調節する使い方に適しているよ。

ベネシャンブラインド　　　　　　バーチカルブラインド

図8・23　ブラインドのスタイル

古来、日本の調度に用いられている籤、すのこを用いた御簾もロールスクリーンの一種といえる。

6　ブラインド

ブラインドは羽根板（スラット、ルーバー）の回転、移動により調光、開閉するものをいい、閉鎖時でも羽根板が調節可能で調光できるのが特徴である。

水平羽根（スラット、幅25〜50mm程度）で昇降開閉式のベネシャンブラインドと垂直羽根（ルーバー、幅50〜120mm程度）で横引開閉式のバーチカルブラインドがある。羽根板は金属や木の薄板がベネシャンブラインドに、布などがバーチカルブラインドに用いられることが多く、仕上げ色の種類が豊富である（図8・23）。

8・4　ファブリックス（布・織物製品）

インテリアにはウィンドウトリートメントのほか、多くの布製品があり、これらを総称してファブリックスと呼ぶ（図8・24）。

天井、壁仕上げのクロス、寝具・家具・什器のカバー、暖簾・タペストリー・蚊帳などの吊物、ラグ・マット・カーペット・茣蓙などの敷物ほか、実にさまざまなものがある。

1　カーペットとその仲間

カーペット（絨毯）は中央アジア発祥の床に敷く織物で、麻などの基布に絹、羊毛などの天然繊維、あるいはレーヨン、ナイロン、アクリル、ポリエステル、ポリプロピレンなどの合成繊維のパイル（毛足糸）を絡めた織物である。他に、平織りのラグやキリム、サイザル麻や、ラタン（藤）の編物など、日本ではフェルト系の毛氈、

> ファブリックスには布製品とその素材である布という2つの意味がある。布地自体の糸づくり、織り、染めはテキスタイルと呼んでいるんだ。

> カーテンやシェードも布製品だが、慣習的にウィンドウトリートメントとして扱われているよ。

図8・24 ファブリックスのコーディネート（写真：Komaneka at Monkey Forest Bali）

手織りの段通を敷物として用いる。もともと移動生活の道具なので、必要な場所だけ敷く使い方（ピース敷き）をしていたが、今では、部屋全体に敷き詰める使い方もされ、調度、内装の双方にカテゴライズされている。

2 カーペットの製法、種類

地経糸に緯糸とパイルを絡めてつくられ、工芸的な手織と工業的な機械織がある。手織はトルコ、イラン、インド、中国、佐賀などでつくられる段通や、フックドラグ（ハンドタフテッド）などがある。また、機械織には以下のようなタイプがある（図8・25）。

・**ウィルトン**：18世紀イギリスのウィルトンで発明された、基布と2〜5色のパイルを同時に織る織機によりつくられたタイプで、表裏2重に織り中心より剥いで2面のカーペットを得るダブルフェイス（フェイストゥフェイス）というバリエーションがある。

・**アキスミンスター**：ウィルトン同様、イギリスで発明された基布とパイルを同時に織る織機によりつくられたタイプで、8〜12色使いのグリッパーと、理論上、色使い無制限のスプールというバリエーションがあり、豊かな色使いが特徴である。

・**タフテッド**：基布にパイルを打ち込み脱落防止のラテックスが塗布されたタイプで、生産効率に優れる。タイル状にカットしたタイルカーペットに用いる。

　パイルは、長さと先端のカットとほぐし方で見た目と踏み心地が

第8章　エレメント・装備　113

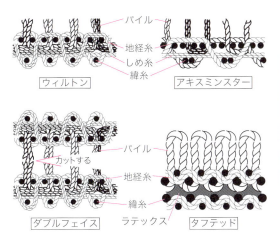

図8・25　カーペット組織断面

表8・2　パイル組織断面

	ループ	ミックス	カット
短い			
ミックス		※1	
長い			※2

※1：ハイカット＆ローループという。
※2：パイルの長さ、撚り戻しの違いでブラッシュ、サキソニー、シャギーと名称が変わる。

変わり、色や柄模様とは異なるテクスチャーと効果が得られ、それぞれの特徴を活かしたバリエーションがある。一般にパイルを切らないループタイプは耐久性、クッション性が高くパブリックな場所に向き、カットされたパイルはソフトな踏み心地でプライベートな場所に向く（表8・2）。

　他に、繊維を針で突き絡めた不織布を用いたニードルパンチカーペットがある。

3　カーペットの施工

　部屋全体に敷き詰める方法には以下のようなものがある。
・**グリッパー工法**：フェルトなどのアンダーレイ（下敷き）と部屋の四隅に設置したグリッパー（引っ掛け板）により固定する。断熱、遮音、衝撃吸収に優れた、最も一般的な工法である（図8・26）。
・**接着工法**：接着剤、両面テープで固定する、タイル状のカーペットに用いる。剥がしやすいピールアップ工法などもある。
・**置き敷き**：部屋の形に合わせて裁断し、オーバーロック、折り曲げテープロックなどのほつれ止め加工を施し、設置する。

4　畳

　畳は和室で使われる草素材の敷物である。畳表、畳床、畳縁からなり、畳表はイグサの織物、畳床は藁束や発泡スチレンフォームなどのマット、畳縁はイグサの端を保護する覆いで、色・柄に多くの種類がある（図8・27）。1枚の厚さは55〜60mmだが、縦横寸法は地域ごとに若干異なる［→第3章2節(図3・8)］。また、畳縁のない琉球

最近では、カーペットを敷いたまま染め直し、再生する技ができている。従来、カーペットは産業廃棄物扱いで、古くなったカーペットの処分には困難がともなっていた。

畳はカーペット兼マットレスで、昔の借家では襖、障子とともに店子の持ち物、家財道具だった。

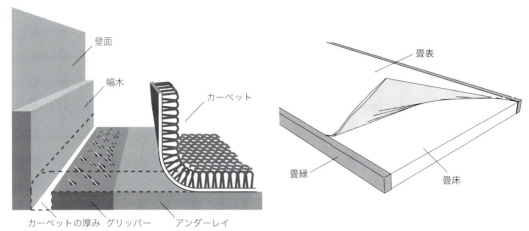

図8・26 グリッパー工法　　　図8・27 畳の構造

畳、坊主畳、縁無畳、畳床のない、または薄い「うすべり」などもあり、ピース敷きなどに用いる。

　敷き方には縁がＴ字型に出会う祝儀敷き、十字型に出会う不祝儀敷きがあり、葬儀など忌みごとのときは不祝儀敷きに敷き変える地域もある（図8・28）。

祝儀敷き

不祝儀敷き

図8・28　祝儀敷き、不祝儀敷き

8・5　オーナメント

　オーナメントとは、装飾品、雑貨、アートワークなどの総称で、時節、機会のしつらえ、飾りつけに用いる。

　グリーン、ヴィジュアルアーツ（絵画、ポスター、写真、版画、書跡、掛軸、魚拓など）、クラフツ（彫像、塑像、ファブリックス、木工、漆器、ガラス、陶芸、金工、骨董など）、雑貨、スポーツ用品、トロフィー、アロマ、オーディオ、ホビー、書籍、レコードなどのコレクションなど多岐にわたる（図8・29）。

8・6　サインとインフォメーション

　サインは看板、表札、案内など、通行者、来訪者ほかの不特定多数に名称、同一性、所有、所在などを告知し、コミュニケーションを促し、インフォメーションは必要とする者に対し情報提供し、案内誘導する。ともに文字、シンボル、色、オブジェなどを組み合わせ、情報、指示誘導と意思、イメージを示す。

　ブラケットサインやファサードサイン、表札のような常設タイプ、のれん、Ａ型サイン、スタンドサイン、フロアグラフィック、貼紙

サイン、ロゴはファサードの大切な要素。ただ目立てば良いというものではないね。

図8・29　各種オーナメント

図8・30　サインの種類

図8・31　避難誘導標識

(POP) などの仮設タイプ、照明が入った内照式、点灯式、外から照らす外照式など多くの種類がある（図8・30）。

　景観形成の観点から屋外広告および、建物外構に法的な規制がある地域もある。地域ごとに屋外から見えるあらゆる視覚誘引物の表示面積、外壁面に対する比率、および色使い、照明などのガイドラインがあり、計画時に事前協議を行い、スムーズな実施に留意する必要がある。

　また、商業施設などの不特定多数が利用する建物では、緊急時の避難誘導のための標識（図8・31）の設置が法規によって義務付けられており、これらの適切な配置もデザインのポイントである。

第9章
マテリアル

インテリアを構成する素材・材料（マテリアル）には実にさまざまな由来がある。それは、先人たちの幾多の試行錯誤、知恵と工夫をものがたる。意匠面、官能面、機能面でのさまざまな要請に応えると同時に、扱うものの特徴と限界を知ることは必要である。また、機能向上のための材料は建物の性能向上に貢献している。

（写真：大阪銘木協同組合浜場）

9・1　材料とは

　材料には塗料やモルタル、土のように流動性があり、かたちの定まらないタイプ、布のように復元性があり、かたちの変わるタイプ、石や木のように安定性があり、かたちの定まったタイプがある。また、塊状（ブロック）、軸状（棒）、面状（板）の材料があり、ブロックを積むことを組積み、棒を縦横に組み合わせることを軸組み、板を取りつけることを貼りつけといい、これらを組み合わせ、あるいは削り、目的のかたちをつくり出す（図9・1）。それらは、かたちを構成するので構成部材という。

　材料の長手をつなぎ、より長くすることを「継ぐ」、横手をつなぎ、面状に広げることを「接ぐ」といい、それぞれの接合部分には継手、接手の加工が施され、より長い、より広い部材をつくり出している（図9・2）。また、接合のための接着剤や金具、釘やねじなどの部材もあり、これらを接合部材という。

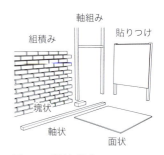

図9・1　材料と構成

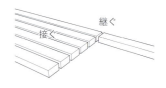

図9・2　継ぐ、接ぐ

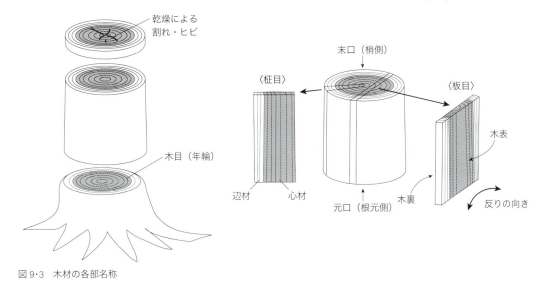

図9・3 木材の各部名称

9・2 木材とその生成品

　木材は樹木から得られる自然由来の材料である。見た目と肌触り、強度と耐久性のバランスが良く、無垢のまま、あるいは加工品の材料として、構造、下地、仕上げに用いられている。

1　木材の特徴と各部名称

　樹木は環境、育成条件で年輪密度、枝節痕などの品質に違いがある。伐採後、乾燥により収縮、変形し寸法が安定した丸太から製材するが、その過程でヒビや割れを生じることもある。無垢の木材は強度を維持しつつ、空気の湿度により膨張、収縮する。

　以下に、木材各部の名称を示す（図9・3）。

・元口、末口：丸太の樹木根元側を元口、梢側を末口といい、末口の直径を材の太さとする。

・木目：切断面に現れる樹木の成長痕のことで、水平方向に輪状の年輪、垂直方向に平行な柾目、もしくは放物線状の板目が出る。

・杢目：樹種、成長環境、切断部位、方向によって木目以外に現れる模様を杢目という。個性的な杢目の木材を銘木と呼び、化粧材として珍重される。

・辺材（木表）、心材（木裏）：樹木表面に近い部位の木材を辺材、樹木中心に近い部位を心材といい、組織が緻密な心材は同一の丸太でも耐久性の点で優れる。一方、木目は木表側が良いとされるが、

木に含まれる水分の重量比率を含水率と呼ぶんだ。生の木は40％程度であり、丸太の状態で15％程度まで乾燥させる。それを気乾状態といって、形状が安定し、反ったり割れたりしにくくなるよ。

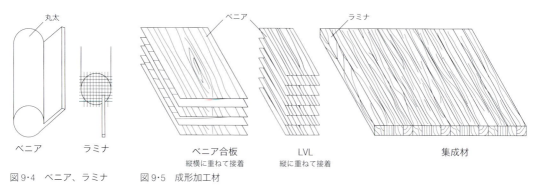

図9・4 ベニア、ラミナ　図9・5 成形加工材

含水率は辺材側が高く、乾燥すると木表側に反る。

2　針葉樹と広葉樹

樹木はスギ、マツ、ヒノキなどの軽くてしなやかな針葉樹と、ケヤキ、ナラ、カシなど重く堅牢な広葉樹に大別される。針葉樹は一般的に端正な木目で、構造や内装用途に、広葉樹は多彩で装飾的な木目で、家具や意匠、化粧用途に用いる。

> 樹種については13章（図13・5）参照。また、㈳木材表示推進協議会（http://fipcl.jp/）に詳しい情報がある。

> 広葉樹でもキリは軽かったり、針葉樹でも屋久杉の木目は複雑だったり、樹種によってさまざまな特徴があるよ。

3　木の加工物

木材から不均一性を取り除き、再構成し、構造、下地、仕上げ材として用いる（図9・4、9・5）。

・ベニア：丸太を剥いだ薄板をベニア、それらを縦横に直交積層し、接着したものをベニア合板、縦に並行積層し、接着したものをLVLという。

・ラミナ：小角材をラミナ、それらを並べて接着したものを集成材という。

・フローリング

木質の床やその仕上げ材をフローリングといい、厚み12〜18mm、幅50〜180mmで、部材同士の隙間を塞ぐ実剥ぎ継手加工が施されたものが一般的である。ベニア合板に化粧材を貼りつけた複合タイプ、モザイク状に木片を組み合わせたモザイクパーケット、床暖房に対応したタイプなどがある（図9・6）。

・羽目板、天然木練付け化粧板

羽目板は、無垢板に実剥ぎなどの加工を施し、継ぎやすくしたもの。練付け化粧板は、ベニア合板や集成材製の芯に化粧材の薄板（単板）を接着したもので、いずれも壁、造作、家具、天井などの仕上げに用いる。

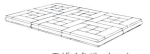
モザイクパーケット

実剥ぎ（継手）

図9・6　実剥ぎとモザイクパーケット

> 高価な化粧材もベニア加工され、その薄板を単板という。

・紙

　木の繊維をほぐし漉いたもので、工業的な機械漉きと工芸的な手漉きがある。また、パルプを原料とする洋紙と、楮、雁皮、三俣などの樹皮をほぐして晒し、漉いた和紙があり、洋紙に色、模様を刷り壁紙に、和紙を襖や障子などの下地、仕上げに用いる。

　薄手から厚手、無地から色・柄・模様付き、平滑から粗い肌理のもの、さまざまなものが漉き込まれたもの、雲母などが刷り込まれたものなど、さまざまな種類が、産地ごとにある。

襖など大判のものは、手漉き、機械漉きとも越前和紙が利用されることが多い。障子など小さな紙を用いる場合は、美濃や土佐などの手漉き和紙が用いられることもあるが、ほとんどの場合、機械漉きのものが用いられているんだ。

4 その他の木質系材料

・**パーティクルボード**：木材を小片に粉砕し接着剤を加え板に成形したもので、家具下地などに用いる。
・**ファイバーボード**：木材を繊維状にほぐし、熱圧成形したもので、密度によりハードボード、MDF、インシュレーションボードといった種類があり、芯材、下地材や裏板などに用いる。
・**木片セメント板、木毛セメント板**：木の小片を圧縮成形し、セメントモルタルで固めた板材で、防音材や、耐火性を要する下地材に用いる。
・**エンジニアリングウッド**：均一な強度確保や端材ロスの軽減を目的とし、小片加工した木を選別、積層成形したもので、構造用途でLVL、PSLが、構造用パネル用途でOSB、下地用途でWBといった種類がつくられている。
・**コルク**：コルク樫の樹皮を再加工したものを、壁、床仕上げなどに用いる。

　その他、竹、籐（ラタン）を家具材料として、イグサを畳表として用いるなどの例がある。

参照：防火材料→本章11節「機能性材料」

LVLは軸状に加工され、梁などの構造材として用いられているんだ。

9・3　テキスタイル

　さまざまな繊維から布（ファブリックス）を得る過程を**テキスタイル**といい、素材、製糸法、布にする組織法、色付け法、2次加工法の違いにより、見た目、手触り、風合い、機能、用途が大きく異なるさまざまなファブリックスがつくられている。

表 9・1　主要繊維の特徴

種類	特徴
綿	吸水性、染色性、発色性に優れ、丈夫で熱に強い。縮んでしわになる。
麻	通気性、吸湿性に優れ清涼感がある。しわになりやすい。
絹	光沢があり、保温性、保湿性、発散性に優れ肌触りが良い。熱に弱く縮む。
羊毛	保温性、伸縮性、弾力性に優れ、湿気を吸収し縮むがしわになりにくい。
レーヨン	木材パルプから再生され光沢があり、吸水性、染色性に優れる。縮んでしわになる。
キュプラ	綿の再生繊維で絹のような光沢を持ち、丈夫で吸湿性に優れる。しわになりやすい。
アセテート	木材パルプと酢酸が原料。丈夫で縮みにくく、シンナーで溶ける。
ナイロン	染色性と弾力性に優れ、吸湿性が低くしわになりにくい。熱に弱く日光で黄変する。
アクリル	軽く弾力性に優れ、吸湿性が低くしわになりにくい。熱に弱い。
ポリエステル	天然繊維と組み合わせが可能。丈夫で吸湿性が低くしわになりにくい。汚れがつきやすい。
ポリプロピレン	安価で軽量で丈夫。吸湿性、染色性が低く日光や熱に弱い。
ポリクラール	吸湿性、保温性、耐光性、難燃性に優れる。

1　繊維と糸

　繊維は糸のもとになる微小で細長いものの総称で、化学生成品の**化学繊維**と生物由来の**天然繊維**がある（表 9・1）。また、短繊維（ステーブル；綿、羊毛など）と長繊維（フィラメント；絹など）に大別され、短繊維からは紡いで撚りをかけられた**スパン糸**、長繊維からは束ねた**フィラメント糸**ができる。化学繊維では、短長のつくり分けが可能で、双方の糸ができる。スパン糸の撚り方にも風合いの柔らかな甘撚りと腰のある駒撚りがあり、染色効果や手触りの異なる糸ができる。

糸の太さを表す単位を、スパン糸は「番手」、フィラメント糸は「デニール」というんだ。

2　織布、編布、不織布

　糸や繊維から布をつくることや、その製法を組織といい、織布と編布、不織布に大別される。**織布**は経糸と緯糸を絡めたもので平織、綾織、朱子織、パイル織などがある（図 9・7）。**編布**は糸をループ状に絡め経緯に連結させたもので、トリコットやレースなどがある。**不織布**は製糸工程を経ず、繊維を直接絡めて布状にしたもので、ニードルパンチなどがある。

3　色付け

　色付けには、糸の状態で染める先染めと、組織されてからの後染め、全般を染める全体染めと部分的に染める部分染め、繊維に染料を含浸させる**染色**と顔料を繊維表面に固着させる**着色**など、多岐にわたる方法がある。それらを組み合わせ、多様な色目、柄目、風合いの糸やファブリックスがつくられている。

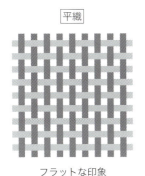
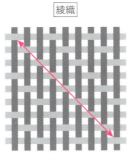
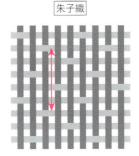

図9・7　織布の主要組織

図9・8　二次加工の標識の例

4　2次加工

2次加工とは組織、色付けの済んだファブリックスを加工し、意匠性や機能性を高めることである。光沢や凹凸などを持たせることで風合いなどの装飾性や、防炎、難燃、撥水、防汚、難皺などの機能性を高める各種方法がある。例としてカーテン、カーペットの難燃加工や、遮光性を高める金属蒸着、ラミネート加工などがあり、加工を施されたものには標識が付けられる（図9・8）。

> ホテルや商業施設など不特定多数の人が集う場所では、カーテンやじゅうたんなどファブリックスの防炎加工は必須なんだよ。

9・4　樹脂系材料

樹脂系材料には石油などから生成した合成樹脂と、アスファルト、ゴム、松脂（やに）などの天然樹脂がある。また、熱によって硬化する熱硬化性樹脂と軟化する熱可塑性樹脂に大別され、前者にはフェノール、エポキシ、メラミン、ポリウレタン、セラックなどがあり、後者にはポリ塩化ビニル、アクリル、ABS、ポリエチレン、セルロイドなどがある。これらを薄い板にしたり、液状のまま塗布したり、型に入れ成型したり、また繊維に成形したりして、仕上げ材、機能付加材、部品、部材、ファブリックスの原料として用いる。

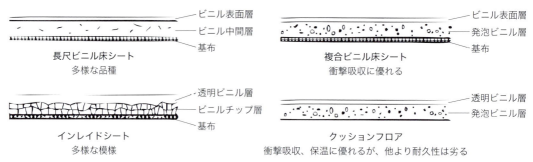

図9・9 断面構造による塩ビシートの種類

1 薄板材

　ゴム、塩化ビニル樹脂などにバインダー（添加剤）と可塑材を混ぜたシート、およびタイル状の床仕上げ材は、安価な割に強度があり、耐久性に優れるものが多い。機能性を重視したものから他の仕上げ材料を模したものまで、多くの種類がある。また、薄板は間仕切り、内装、家具仕上げ材として用いる。

・**長尺シート**：厚み2〜5mm、幅1800〜2000mm、長さ9000mm程度のシート状のもので、多くはポリ塩化ビニル樹脂製で塩ビシートとも呼ばれる。発泡層の有無、製法の違いなどによる種類がある（図9・9）。

・**タイル**：厚み2〜3mm、300mm角程度のものが多い。原料の種類、成分の配分比率などによるさまざまな呼称、区分がある。

・**薄板**：内装、造作、家具仕上げに用いる。メラミン樹脂の薄板にさまざまなテクスチャを施したもの、ポリエステル樹脂などの樹脂層がついたオーバーレイ合板、印刷を施したプリント合板などがあり、防汚、耐水、耐久性を要する部分に用いる。

・**リノリウム**：亜麻仁油、松脂、木粉、コルク、石灰岩、顔料を配合した自然素材由来のシート、またはタイルである。有害物質を持たず、抗菌性がある。

> リノリウムの材料を合成樹脂に置き換えたものが塩ビシートや塩ビタイルといえる。

2 塗布材

　現場で塗布する液状のもの。エポキシ、ポリウレタン、ポリエステル樹脂などからなる。広い範囲が継ぎ目なく仕上がり、水を通さず防水材としても用いる。仕上げなどの塗料については後述する。

［→本章5節「塗料」］

・**アスファルト**：原油由来の材料で接着、防水に用いる。

> 塗装は、継ぎ目なく仕上げることができるのが最大の特徴だね。

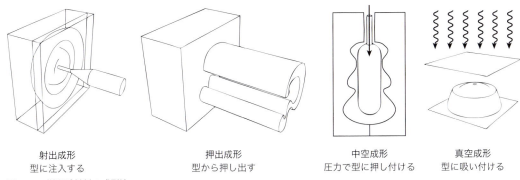

射出成形	押出成形	中空成形	真空成形
型に注入する	型から押し出す	圧力で型に押し付ける	型に吸い付ける

図9・10 樹脂系材料の成形法

3 成形部品

樹脂系材料の成形法は図9・10に示すとおりであり、形状、生産性、コスト、設備規模などから成形法が選択される。

9・5 塗料

塗料は皮膜を形成し、または、内部に含浸して塗装面を保護・着色するもので、錆や腐敗、細菌の繁殖を抑え、蟻や水の影響を防ぎ、熱を遮断する。樹脂、溶剤、顔料ないし染料と添加剤からなり、樹脂の性質が塗料の性質となる。

1 塗装材料の主な種類 (表9・2)

皮膜を形成する造膜系塗料にはニトロセルロース系クリアラッカー (CL)、ウレタン樹脂塗料 (UP、UC)、油性調合ペイント (OP)、樹脂系調合ペイント (SOP)、エマルジョンペイント (EP)、塩化ビニル樹脂エナメルペイント (VE、VP)、アクリル樹脂ペイント (AEP) などがある。

木材などの組織内部に染み込む含浸塗料には、オイル、ワックスなどがある。

このほか、環境、健康に配慮した自然系塗料として、リボス、漆、カシュー、柿渋などがある。

2 塗装仕上げの呼称

工場で行われる家具、什器、部材の塗装には、さまざまな仕上げと呼称がある。

・生地仕上げ：生地の表面保護と濡れ感、つやを出す透明塗装による仕上げ法。

表 9·2　塗料の種類

名称	略称	特徴
ニトロセルロース系クリアラッカー	CL	速乾性がある。天井、壁に向く
ウレタン樹脂塗料	UP、UC	耐水、摩耗性がある。フローリング仕上げなどに用いる
油性調合ペイント	OP	コスト、耐候性に優れ、外部に用いる
樹脂系調合ペイント	SOP	油性調合ペイントの改良版
エマルジョンペイント	EP	水性の代表的な塗料
塩化ビニル樹脂エナメルペイント	VE、VP	耐アルカリ性に優れ、水回り、モルタル仕上げに用いる
アクリル樹脂ペイント	AEP	バリエーションが多く、多用途に対応できる
ポリエステル		非常に厚い塗膜ができる
漆		樹液由来の天然塗料。塗膜が硬く耐久性に優れる
カシュー		カシューナッツオイルを原料とした、漆を模した塗料

- **白木仕上げ**：木材に明るい白の含浸性塗料を塗布後、拭い取り、木目を強調した仕上げ法。
- **オイルフィニッシュ**：オイルを含浸させ防水、防腐性を高めた仕上げ法。
- **ステイン**：木材に暗色系の染料を含浸させ、木目を活かしつつ色をつける仕上げ法。
- **エナメル**：不透明造膜系塗料で生地を覆い隠す仕上げ法。
- **特殊塗装**：生地を、石やスウェードなどの異なった素材、材質に見せる仕上げ法。
- **UVハードコート**：表面を硬化し強度を上げるための、紫外線硬化樹脂による速乾性の仕上げ法。

仕上げ面に注目すると、楽器のピアノなどの平滑に磨かれたような鏡面仕上げ（クローズド・ポア）から、木目などの細かな凹凸模様を残した目弾き仕上げ（オープン・ポア）まで、幅広い素材（下地）の扱い方があって、見た目だけでなく手触り、肌触りにも関わっているんだ。

3　塗料取り扱いの留意点

　塗料の成分には生体に影響を及ぼす化学物質があり、取り扱いに注意を要する。そのため、家庭用品品質表示法、消防法、労働安全基準法、毒物及び劇物取締法、悪臭防止取締法、廃棄物処理法などの法的規制がある。

9·6　コンクリート、モルタル、石こう、土

　コンクリートは砂利などの骨材、砂、ポルトランドセメントの混合物で、水による化学変化で硬化する湿式材料である。骨材のないものをセメントモルタル、あるいは単にモルタルと呼び、水に濡れる箇所や、テナント施設などでの床用下地などとして用いる。
　コンクリートやモルタルをコテで均す「モルタルコテ押え」や、砂利を混ぜたモルタルを表面に砂利が出るよう洗い流す「洗い出し」

図 9·11　砂利洗い出し（筆者撮影）

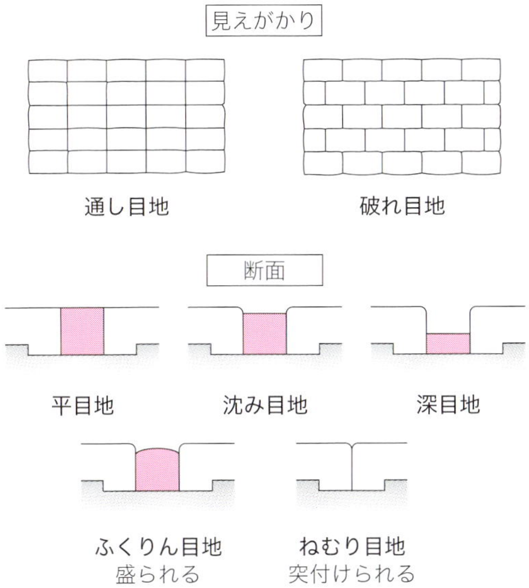

表9·3 タイルの焼成温度と名称、特徴

焼成温度	名称	特徴
1100℃前後	陶器質タイル	吸水性があり凍害に弱い。内装壁に用いる
1250℃前後	せっ器質タイル	吸水性は少なく、床、内外装壁に用いる
1300℃前後	磁器質タイル	吸水性がなく、全般に適用可能

表9·4 主なタイルのサイズと名称

サイズ	名称
227 × 90mm	三丁掛
108 × 60mm	小口平
227 × 60mm	二丁掛
108 × 108mm	36角
68 × 68mm	75角
92 × 92mm	100角
144 × 144mm	150角
192 × 192mm	200角
227 × 40mm	ボーダー

厚みは5〜20mm

図9·12 タイル、レンガの目地(見えがかりと断面)

といった仕上げ法がある(図9·11)。

プラスターは鉱物の焼成品でコンクリート同様、水による化学変化で硬化する。石こうプラスター、ドロマイトプラスターなどがあり、石こうプラスターを工場でパネル状に成形した石こうボードは下地材として一般的である。

漆喰は消石灰に、のり、すさなどを混ぜたもので、耐火壁の仕上げなどに用いる。

三和土(たたき)は、土、消石灰、にがりなどを混ぜ叩き固めたもので主に土間床仕上げに用いる。

土は、伝統和室の下塗り、中塗り、仕上げ塗り壁材として用いられ、砂壁、大津壁、じゅらく壁などの仕上がりの異なるタイプがある。また、多孔質の珪藻土には断熱、調湿機能があり、壁仕上げに用いる。

9·7 タイルとレンガ

タイルは陶土を板状に成形し焼成したものである。土の種類、産地、施釉の有無、製造方法、貼り方(並べ方、目地)、大きさ、焼成温度で多様な種類がある(表9·3、9·4、図9·12)。水のかかる部分、意匠的な床、壁面の仕上げに用いる。

取りつけ方法はモルタルによる**湿式工法**と接着剤による**乾式工法**

レンガの大きさは、210mm × 100mm × 60mmを基本として、長さ、幅、高さがそれぞれ半分のものがある。薪ストーブの背面壁に耐火レンガを断熱のため積むこともあるね。

がある。

レンガは土の焼成物であるが、壁体を構築する構造材としても用いる。

9・8 石材とその加工品

天然に産する岩石を加工したものを、床や壁の仕上げに用いる。高級感があり、一般に堅牢で耐久性が高いが、種類や産地で組成、性質が異なり、仕上げや適用箇所には十分な検討が必要である。

1 石材の種類（図9・13）

火成岩は地中でマグマが固化したもので、花崗岩（御影石）、安山岩などがある。花崗岩は硬く、風化・摩耗に強いため、内外装の床、壁、造作材に多用されるが、高熱に弱くヒビが生じやすい。安山岩は砂利や石積みに用いる。

堆積岩は地上、水中で堆積形成したもので、粘板岩（玄昌石、スレート）、砂岩、凝灰岩（大谷石、十和田石）、石灰石（ライムストーン）などがある。玄昌石は内外装の床に、スレートは屋根や外装壁に、砂岩と大谷石は内外装の壁に、十和田石は浴室床に、ライムストーンは内装壁に、それぞれ用いる。

変成岩は熱や圧力で変成したもので、大理石、蛇紋岩などがある。いずれも磨くと現れる模様を活かして内装の床や壁に用いる。

その他、製材時などにできる破片をモルタル等で固め再成形した人造石（テラゾー）は内外装、ブースやカウンターなどの造作に用いる。

溶融岩石を繊維状に成形したものを岩綿（ロックウール）といい、吸音、断熱、防火の機能性材料となるほか、板状に成形し吸音天井板として用いる。

2 石材の加工と取りつけ

・仕上げ

素材感、意匠性、防滑性、耐久性などの目的に応じ、割ったままの状態から本磨きまで石種に応じたさまざまな仕上げ方法がある（図9・14）。

・施工

取りつけ方法は湿式工法、乾式工法ともにあるが、重量が重いた

> 粗面仕上げは防滑性能を重視した床に、磨き仕上げは紋様が際立つ壁材に用いることが多いよ。

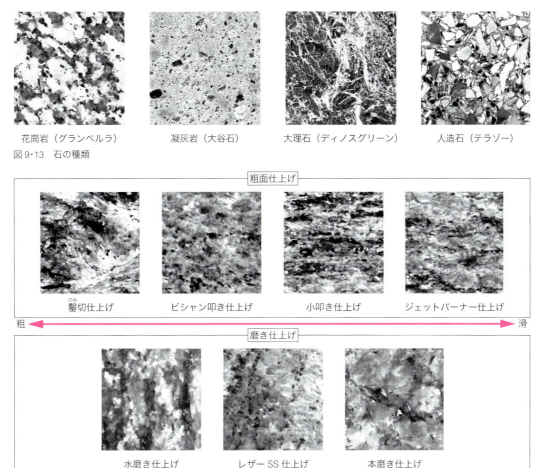

図9・13 石の種類

図9・14 石材の仕上げ各種（筆者撮影）

め、支持方法や隙間を埋める目地材料の選定への配慮が必要である。

9・9 ガラス

光を透過、拡散させるもので、珪砂、ソーダ灰、石灰石などを溶融して得られる。板やブロックに成形し、眺望や採光と気密を両立させる。また、照明器具のシェードやフィルターに用いて、配光を制御する。あるいは繊維状に成形し、吸音、断熱の機能性材料としても用いる。

1 板ガラスの種類

板ガラスには以下のような種類があり、用途、意図に応じて使い分ける（図9・15、表9・5）。

- **フロートガラス**：溶融金属に浮かせて成形した、平面度が高い代

石材の仕上げの違いは、写真で見る以上に手触り、足触りが全然違うんだ。

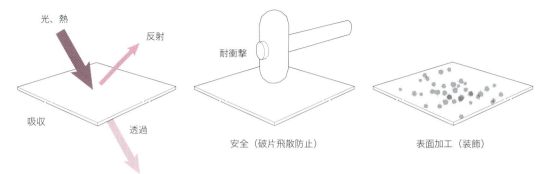

図9・15　ガラスの付加機能

表9・5　板ガラスの性能と分類

	吸収	反射	透過	耐衝撃	安全	表面加工（装飾）
光	色ガラス 電磁波遮蔽ガラス	鏡	高透過ガラス 低反射ガラス 調光ガラス	強化ガラス 合わせガラス	網入りガラス 合わせガラス	カラーガラス 型板ガラス 合わせガラス
熱	熱線吸収ガラス	Low-Eガラス 熱線反射ガラス	複層ガラス			

表的なタイプ。

・色ガラス：色のついたタイプで、ステンドグラスなどの装飾用途に用いる。

・高透過ガラス：通常のガラスから青緑の色目を取り除き、透明感を高めたタイプ。展示用途に用いる。

・熱線吸収ガラス：赤外線吸収率を高め、冷房効果を高めたタイプ。

・低反射ガラス：コーティングを施し表面反射を抑えたタイプ。

・Low-Eガラス：金属膜をコーティングし熱遮、断熱性能を上げたタイプ。

・カラーガラス：塗料を焼きつけたタイプで、壁仕上げに用いる。

・鏡：反射層を設け、可視光線などを反射するタイプで、姿見などに用いる。

・熱線反射ガラス（ハーフミラー）：太陽光を一部反射し、熱線吸収ガラスより一層、冷房効果を高めたタイプ。

・電磁波遮蔽ガラス：シールドガラスともいい、電磁波吸収効率を高めたタイプ。

・型板ガラス：型で成形し、文様や肌理（きめ）を与えたタイプで、装飾などに用いる。

・強化ガラス：熱処理で曲げ強度を3～5倍に高めたタイプ。

・網入りガラス：破損時の飛散防止に、金属網、鉄線が入ったタイプ。

熱線反射ガラスは近隣に対し光害を及ぼす可能性があるので、十分な検討が必要だよ。

第 9 章　マテリアル　129

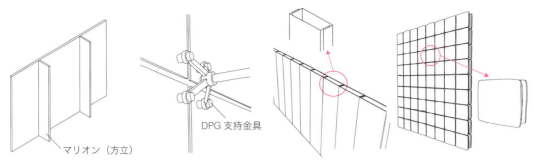

図 9・16　リブガラス工法、DPG 工法　　　図 9・17　プロフィリットガラス、ガラスブロック

・**合わせガラス**：透明中間膜や装飾中間膜を挟み込み、破片飛散抑制効果や装飾性を高めたタイプ。
・**調光ガラス**：液晶フィルムが仕込まれた合わせガラスで、電圧により透明度が変化する。
・**複層ガラス**：複数の板ガラスの間に乾燥空気や不活性ガスを封入し、断熱と遮音性能を高めたタイプ。

2　板ガラスの工法

　板ガラスは 1 枚ごと枠に納めるのが一般的だが、眺望や景観のため、枠を意識させない以下の工法がある（図 9・16）。
・**リブガラス工法**：ガラスのマリオン（方立）で補強する工法。
・**DPG ガラス工法**：ガラスの 4 隅に穴を開け支持金具で支える工法。

3　その他のガラス材料（図 9・17）

　ガラスブロックは中空層のあるガラスのブロックで、断熱性と光透過性をあわせ持ち、壁などに用いる。**プロフィリットガラス**はコ型断面をした溝型ガラスで組み合わせて壁面に用いる。**グラスウール**はガラスを繊維状に成形した綿状のもので、吸音、断熱の機能性材料として用いる。

> ガラスや鏡には以下のような 2 次加工があり、装飾性を高めているよ。
> ・**面取り（ベベリング）**：ガラスや鏡の縁に傾斜をつけ磨く技法。
> ・**エッチング、フロスト加工**：薬剤で表面を粗面にする技法。模様やパターンを入れることもあるよ。
> ・**摺り加工**：研磨砂などで表面を削り粗面にする技法。グラデーションや彫込も可能だよ。

9・10　金属

　金属は単体および合金として用いられ、配分比率、添加物、冷却および成形方法などで性質が大きく変わり、用途、性能に応じて膨大な種類がある。ここでは、代表的な金属の特徴を紹介する。

1　金属の種類

・**鋼（スチール）**：強度があり、薄板を型押成形した量産物に向く。

酸化しやすく、次項に示すようなさまざまな表面処理が施される。
・**ステンレス**：鋼にクロム、ニッケル、モリブデンを添加し錆びにくくしたもの。18-8 ステンレス（SUS304）は家具、什器、金物に多く用いる。
・**アルミニウム**：比重が鋼の 1/3 と軽く、加工性、展延性が良い。型押成形、鋳造成形して家具および部品として用いる。表面処理で耐食性が向上する。
・**銅、真鍮**：銅は軟質で耐食性が高く、抗菌性もある高級材。銅と亜鉛の合金が真鍮で、把手や金物に用いる。

2　表面処理

金属は酸化防止などの理由で、以下のような表面処理を施すことが多い。
・**メラミン焼付け塗装**：メラミン樹脂塗装後、加熱硬化させ、強靭な塗膜を得る。
・**粉体塗装**：樹脂の粉体を静電気力で付着させ加熱溶融し、肉厚で均一な塗膜を得る。
・**メッキ**：クロムなどの金属皮膜を形成し、耐食性、装飾性を高める。
・**アルマイト**：アルミニウムを陽極酸化し、耐食性を高める。
・**スパッタリング**：金属分子を電圧で叩きつけて皮膜を形成する。
・**サンドブラスト**：研磨砂を吹きつけ、表面をごく薄く削り、ざらざらした梨地に仕上げる。
・**静電植毛**：接着剤を塗布した表面に、短繊維を静電気力で密集付着させる。断熱性、結露防止性、反射防止性を高める。樹脂製品にも適用可能である。
・**印刷**：文字、模様を刷り込む。シルクスクリーンや型版で直接刷り込む、フィルム、シリコン型に転写して刷り込むなどの方法がある。

9・11　機能性材料

防音、防火、断熱などの性能を向上させるものを**機能性材料**という。

1　防音材料（表9・6）

音には空中を伝わる音響と固体内部を伝搬する振動があり、それ

表9・6 防音材料の例

吸音材	グラスウール、ロックウール、畳、木毛セメント板、有孔ボード、ロックウール吸音天井板など
遮音材	コンクリート、鉛シート、アスファルトシート、金属粉混入シートなど
制振材	防振ゴム、フェルト、防振ダンパー、制振シートなど

表9・7 防火材料の例

不燃材料	鉄鋼、コンクリート、ガラスなど
準不燃材料	石こうボード（原紙厚0.6mm以下で厚み9mm以上）、木毛セメント板（厚み15mm以上）など
難燃材料	薬品処理された木、プラスチックなど

表9・8 断熱材料の例

鉱物系	ロックウール、グラスウール
プラスチック系	発泡スチロール、ポリスチレンフォーム、ウレタンフォーム
自然系	インシュレーションボード、セルロースファイバー、炭化コルク、羊毛

らを遮断し内外の音を漏らさないようにするものを **防音材料** という。空中の高音には共鳴による吸音、空中の低音には質量による遮音、振動には伝搬を遮る制振が有効である。トイレ、寝室、オーディオルーム、宴会場などでは吸音材、遮音材と制振材を適切に選択配置する。

2 防火材料（表9・7）

火災などで加熱された場合、ある程度の時間、延焼せず、防災上有害な変形、溶融、亀裂その他の損傷を生じず、かつ避難上有害な煙またはガスを発生しない材料を **防火材料** という。建築基準法では加熱に20分間耐える不燃材料、10分間耐える準不燃材料、5分間耐える難燃材料の3種に区分されている。

また、建物を耐火建築物とする被覆材料としてロックウール、ケイ酸カルシウム板などがある。

3 断熱材料（表9・8）

熱を遮り、室内環境を保つ材料を **断熱材料** という。断熱のための空気層を滞留させる多孔質、ないし繊維質で軽量なものが多い。熱の伝わりにくさ、結露による性能劣化と湿気放散の度合い、耐熱性能、コストなどでさまざまな材料がある。一般的に熱に強い鉱物系、高性能なプラスチック系、自然材料由来の自然系に分類されている。

鉄は不燃材料だが、加熱により軟化、変形する。そのため、耐火被覆のない鉄骨構造は耐火建築物と見なされないよ。

第10章
インテリアの歴史（世界編）

現代に生きる私たちの身近なインテリアにはいくつものルーツがあるが、明治時代以降、大量に流入してきた西洋文化もそのひとつである。ここでは、まず西洋のインテリアに注目し、その源であるメソポタミア、エジプトから、古代、中世、近世、現代までの変遷について紐解いていこう。
時代を越えて共感できる合理的な発想や、気候風土、科学技術、宗教、政治などの条件によって変化した価値観や美意識とインテリアデザインの関係を探り、新たな創造のヒントを得てほしい。

10・1　古代から近世の西洋インテリアデザイン

　世界の多くの都市に西洋的といわれる建物を見ることができるが、それは、これらに共通するデザインのルーツが古代ギリシャ・ローマにあり、15世紀ごろの大航海時代には、それらがヨーロッパから世界中に流布し広く模倣された歴史があるからである。
　古代から今日まで、西洋ではさまざまな文化がぶつかり合い、分裂と統合が繰り返された。それにより、新技術や新しい価値観が生まれ、建築・インテリアデザインもさまざまに変化を遂げてきた。その変遷を時代背景や形態的な特徴から区分したものを**様式**といい、図10・1のように移り変わって現在に至っている。

10・2　古代

1　メソポタミア、エジプトの建築と内装
　（紀元前3000年ごろ～紀元前100年ごろ）
　ヨーロッパ文化のルーツは紀元前4000年ごろ発生した、チグリ

> 様式とは、建築史、インテリアデザイン史、服飾史などにおける「スタイル」あるいは「パターン」のことなんだ。その語源は、"意味づける"、"守護する（パトロンの語源）"といった意味もあるんだよ。こういったことからも、インテリアの様式から、人々が空間をいかに認識させようとしてきたのかを読み取ることができるね。

第 10 章　インテリアの歴史（世界編）　133

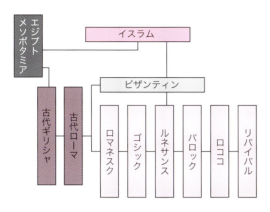

図 10・1　様式分類と流れ

ジッグラトとは「高いところ」という意味で、高さ 21m、底面 62.5m × 43m の規模を誇り、長方形の基壇を積み重ねた最上段に長方形の寝殿を頂く。

図 10・2　ウルのジッグラト（復原予想図）（出典：文献 1）

（左）図 10・3　クレイペグ。モザイクタイルの原型といわれる（写真提供：INAX ライブミュージアム「世界のタイル博物館」）

ス・ユーフラテス川流域のメソポタミア文明と、ナイル川流域のエジプト文明である。メソポタミアでは雨が少ないため、灌漑技術や、農機具の開発などにより生産性を向上させた。木材も石材も入手が困難な地域だったが、建築は豊富な粘土から日干れんがで造られていた。紀元前 2100 年ごろになると、焼成れんがを製造し、ジッグラト（図 10・2）という神殿を建造した。寝殿の壁や柱は、頭部を着色した小さな杭のような焼き物「クレイペグ」（図 10・3）によって幾何学模様が描かれ、美しく装飾されていた。構造においては建築材料の乏しさを技術で補い、小さなアーチやヴォールト（図 10・4）が開発された。

やがて紀元前 500 年ごろには、バビロンの王宮や、ペルセポリスの宮殿などがつくられ、れんが壁は漆喰塗や石板、彩釉浮彫れんがなどで壁面が化粧されるようになった。

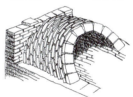

図 10・4　メソポタミアのアーチ（上）、ヴォールト（下）（ヴォールトは文献 2 などを参考に筆者作成）

アーチやヴォールトにより人々は、「柱の少ない広い空間と、大きな開口部」という夢を叶える建築構造技術を手に入れ、現在も改良が続けられているんだ。

一方、エジプト文明はナイル川の定期的な氾濫によって運ばれてくる肥沃土によって農業を拡大し発展した。

住宅は日干れんがでつくられ、上流階級の住宅の壁面には日干れんがに漆喰塗の上に鮮やかな色彩で壁画が描かれている。

生活は椅子座式で、地位を象徴するツタンカーメンの黄金の椅子（図 10・5）は、木製で全体に金箔が貼られ、ライオンの脚と精緻な彫刻や象嵌など華麗な装飾が見られる。

やがてこの 2 つの文明は希少資源であったレバノンの杉材を伐採しつくし、燃料や建材を失った。土地も荒廃してメソポタミア文明は衰退し、エジプトは国家が弱体化していき紀元前 30 年に古代ローマ帝国に征服された。

図 10・5　ツタンカーメンの黄金の椅子（紀元前 1350 年ごろ）（文献 3 などを参考に筆者作成）

　イオニア　　コリント

図 10·6　パルテノン神殿(出典：文献 4)。ギリシャ神殿の最高峰といわれる

図 10·7　ギリシャ様式の 3 つのオーダー。オーダーとは、柱の底部の寸法に基づいて各部の寸法を定めるための寸法比

2　ギリシャ様式（紀元前 6 世紀～紀元前 4 世紀）

　紀元前 5 世紀ごろに最盛期を迎えた**ギリシャ**では、多数の都市国家（ポリス）が同盟を結び、アテネが盟主として支配を強めていた。ポリスは神々のための神殿が建つアクロポリスと、市民のためのアゴラ（広場）を有し、アテネでは**パルテノン神殿**（図 10·6）が建造された。ギリシャ神殿の建築様式は、メガロンと呼ばれるエーゲ海沿岸に広く建てられていたポーチを有する 1 室住居の形式から発展したものといわれる。建築においてギリシャ人が重んじたのは均衡と、秩序による完全な美であったため、さまざまな美の法則が考案された。そして「**オーダー**（図 10·7）」という古典建築の基本ルールを築き上げた。このオーダーによって神殿の各部分（上部からペディメント、エンタブラチャー、柱身、基壇などで構成される）の寸法が決められている。紀元前 336 年、長期の戦争やペストの流行などで疲弊したギリシャは北隣のマケドニアに滅ぼされ、エジプト、シリア一帯を含む王国の一部となり、ギリシャ様式は東洋の文化と混ざり合って広がった。

3　古代ローマ様式（紀元前 1 世紀～紀元 4 世紀）

　紀元前 3 世紀ごろにはイタリア半島が統一され、戦乱の時代を経て紀元前 27 年、アウグストゥスが、ギリシャを含む地中海沿岸諸国を統一し帝政を開始した。道路を整備し、全ヨーロッパとアフリカの北岸を征服し、現在のロンドン、パリ、ケルン、ウィーンにも都市を建設した。

　この過程で、ローマ人はギリシャからは神殿の形式とオーダーの思想、メソポタミアにルーツを持つ先住のエトルリア人からはアーチ工法と壁画や彫刻などを学んで建築技術や装飾技術を向上させ、自らもコンクリートを発明し、紀元前 25 年には巨大半球ドームの**パンテオン**（図 10·9）を、紀元前 20 年ごろには**ガールの水道橋**

黄金比や、たとえば神殿の柱がまっすぐに見えるように柱を内側に傾けたり、基壇が水平に見えるように中心をふくらませたりするエンタシスのような錯視補正は現在も造形美の基本として意識されている。

神殿には英知と資金を注いだギリシャ人だが、耕地が少なく、経済力も低いため富裕な個人が宮殿や豪邸を建造することはなかった。住宅は簡素で合理的であり、家具は現代に通じるデザインのひとつといわれる女性用の椅子のクリスモス、男性用の寝椅子のクリーネ（図 10·8）などが挙げられる。

図 10·8　クリスモス(上)、クリーネ(下)

古代ローマでは、「建築」という概念が生まれ、軍事や生活のためのインフラ整備が進み、機能性や使い勝手、居住性が向上した。ウィトルウィウスは『建築十書』で、建築の 3 要素は「用、強、美」であると唱え、後世に大きな影響を及ぼした。

図10·9 パンテオン外観(左)、内観(右)

図10·10 ガールの水道橋

図10·11 コロッセウム

図10·12 ドムスの様子(「A Pompeian Interior」Luigi Bazzani, 1882)(public domain)

(図10·10)を建設した。

　ローマ建築は、**半円アーチ**や**ヴォールト**が多く用いられ、明るく明快なイメージである。約200年間平和が続き、人々が現実的で享楽的であったからだろうといわれる。娯楽施設である**コロッセウム**（図10·11）や浴場なども建造された。また、**ドムス**といわれる上流階級の住居（図10·12）は快適性を求めてインテリアが充実してくる。外壁は外敵の侵入を防ぐため閉鎖的だが、内部は天窓のあるアトリウム、中庭に回廊を巡らせたペリステュリウムから採光し、**モザイク画**の床、**フレスコ画**の壁で贅沢に装飾された。家具はギリシャのスタイルを継承しているが、豪華になり、大理石やブロンズが多用された。代表的なものに**レクタス**（図10·13）が挙げられる。

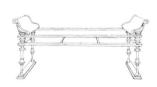

図10·13 レクタス。ブロンズ製の寝椅子

4　ビザンチン様式（6〜10世紀）

　広大さと繁栄を誇った大ローマも貿易が盛んになる一方で、イスラム勢力やゲルマン人の侵入が激しくなり、395年、ついに東西に分裂した。西ローマ帝国は476年、ゲルマン人に占拠され滅亡し、コンスタンティノポリス（現イスタンブール）を首都とする東ローマ帝国（**ビザンチン帝国**）は、キリスト教を国教として15世紀ごろまで続いた。ヨーロッパとアジアの接点に位置する首都コンスタンティノポリスは、7世紀以降、バグダッドから勢力を伸ばしていたイスラム教（アラビア遊牧民）の侵入により、技術と文化の合流地点になった。そのため美術・建築においてキリスト教（西洋）と

> ビザンチン様式はイスラム文化や、16世紀のルネサンス文化、ロシアの教会堂建築などに大きな影響を与えた。

図10・14 ハギア・ソフィア大聖堂（出典：文献5）

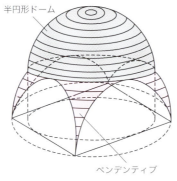
図10・15 ペンディンティブドーム

図10・16 ハギア・ソフィア内部のモザイク画「キリストと皇帝コンスタンティノス9世・ゾエ夫妻」(public domain)

イスラム教（東洋）の混合による独自の様式が確立した。

537年に献堂式が行われた**ハギア・ソフィア大聖堂**（図10・14）は巨大な正方形を巨大なドーム（**ペンディンティブドーム**）（図10・15）で覆う独特の構造形式で、壁とドーム天井が滑らかに一体化した内部空間を実現した。堂内には色鮮やかな**モザイクタイル**で壁画（図10・16）が描かれている。モザイクの素材には着色ガラスや金箔、銀箔をガラスで挟んだ**テッセラ**などが使われた。

当時の家具、**マクシミニアヌスの司教座**（図10・17）は象牙製で、ローマの半円形や曲線は影をひそめ、堅苦しい直線的な形に、東洋的な細かな彫刻がびっしりと施されている。

> テッセラを1片1片微妙に角度を変えて貼ることで乱反射させ、暗い室内のわずかな光でキラキラと輝くように計算されているんだよ。

5 イスラム様式（7～17世紀）

610年ムハンマドがイスラム教を開いた後、アラビア遊牧民（隊商民族）はシリアからイベリア半島、中央アジアへの征服運動を繰り返し、巨大なイスラム帝国を築いた。

メッカにあるアッラーを祀ったカアバ神殿が唯一の神殿で、各地にサラート（礼拝）のための**モスク**（図10・18）が建てられた。それらは柱が林立する多柱式プランの**礼拝堂**や、ドームなどで構成されている。教義上、人間や動物の図象表現が禁止されており、イスラム様式特有の宇宙観を表現している**アラベスク模様**である幾何学模様（図10・19）や唐草模様（図10・20）が装飾の主流となった。スタラクタイトといわれる小さな曲面を組み合わせて大きな凹面をつくる**ムカルナス**（図10・21）は躍動感のある独特のデザインである。またアーチの形式は実に多様（図10・22）で、イスラム様式の特徴を表している。

7世紀から1492年まで、イベリア半島はイスラム王朝が支配して

図10・17 マクシミニアヌスの司教座（文献3などを参考に筆者作成）

> 四季のうつろいがなく自然の色彩に乏しい地域では華やかなインテリアが好まれるといわれるが、セラミックタイルのパターンデザインは清涼感のある寒色を中心に、花をイメージした赤も使用し室内に花園を再現しようとしている。砂漠地帯の夜間の冷えをしのぐペルシャ絨毯の柄も同様なんだよ。

> イスラム独特の馬蹄形アーチは、かつてこの地を治めていた騎馬遊牧民の西ゴート族が財産を持ち運ぶのに使用したベルトの留め金がモチーフなんだ。

第10章　インテリアの歴史（世界編）　137

図10・18　メスキータ（スペイン語で「モスク」の意）

図10・19　幾何学模様

図10・20　唐草模様（写真提供：INAXライブミュージアム「世界のタイル博物館」）

図10・21　ムカルナス

図10・22　イスラム様式のアーチ

図10・23　アルハンブラ宮殿（スペイン）

図10・24　ロマネスクの教会（アルル・サン・トロフィム教会）。簡素な石造のバシリカ式

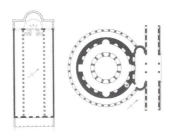
図10・25　バシリカ式（左）と集中式（右）（出典：文献6）

図10・26　ロマネスク建築のアーケード（ピサ大聖堂）

おり、グラナダには、イスラム建築の最高の技術を集結して美を追求した**アルハンブラ宮殿**（図10・23）が建造された。

> 繊細で華美な装飾や美しいパティオ（中庭）がアルハンブラ宮殿の特徴である。

10・3　中世

1　ロマネスク様式（11〜12世紀）

西ローマ帝国は侵入してきたゲルマン人により476年に滅ぼされ、西ヨーロッパは混乱していく。800年、現在のフランスあたりにフランク王国を築いたゲルマン系のカール大帝が、西ヨーロッパの大部分を統一した。ローマ法王庁はフランク王国と友好関係を結んでいたことから、カール大帝に神聖ローマ皇帝の称号を与えた。

国を統制する意味もあったキリスト教布教のために、神聖ローマ帝国では各地に教会（図10・24）や修道院がつくられた。これらはロマネスク様式といわれ、厚い壁でできた堅牢な石造の建築物で、窓が小さく内部は暗かった。平面は**バシリカ式**といわれる長方形で、

> 多くのゲルマン民族が南下してヨーロッパに移住し、古代ギリシャ・ローマからオーダーや黄金比、建築技術を獲得、キリスト教を中心とする国を築いて中世西洋社会を形成した。

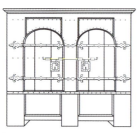
図 10・27　チェスト

図 10・28　ろくろ加工の椅子
（文献 3 などを参考に筆者作成）

図 10・29　修道院（ル・トロネ修道院）

図 10・30　ゴシックの大聖堂
（ランス大聖堂）

図 10・31　リブ・ヴォールト。構造補強の要素から、次第に細かく装飾的なものになっていった

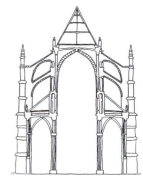
図 10・32　フライングバットレス。屋根と天井の重さによって壁が外側に倒れないための飛び梁

正面の奥に司祭席のある形式と、天に向かって神が昇天するイメージを抱かせる円形の**集中式**が教会堂の定型となってくる（図 10・25）。天井はローマ建築に倣って石造の半円アーチやアーケード、ヴォールトを取り入れている（図 10・26）が、低い天井に窓が小さいため薄暗かった。家具には簡素で素朴なチェスト（図 10・27）などがあり、生産性の高い**ろくろ加工**（図 10・28）が施されているものもある。

　やがて、修道院（図 10・29）は、食料の生産、研究・教育、病院や行政の機能を果たす施設として巨大化し、地域の人々の生活を支え、権力を握っていった。

> ろくろ加工とは、用材を回転させながら刃物を当て、棒状のものに玉ねぎのような形の彫刻をする加工のことだよ。

2　ゴシック様式（12 〜 15 世紀）

　ゴシック建築は、フライングバットレスと天に向かってそびえ立つような 2 つの塔が正面にある大聖堂（図 10・30）が主な特徴である。このころ、修道院が主導して開墾した農地からの食料供給により、都市は発展し、人口も増加していたため、都市のシンボルとして大勢の人々が礼拝できる大聖堂が建造された。それらは交差ヴォールト天井をリブ（肋骨）で補強して軽くした**リブ・ヴォールト**（図 10・31）と、高い天井を載せる壁を外から支え、窓を大きくでき

> 西ローマ帝国の滅亡と、ゲルマン人の侵入によるヨーロッパの混乱は徐々に落ち着き、封建的社会の確立とともに支配者である領主は戦闘・防御のための城を築く必要がなくなり、居住性を高めた館を建造するようになった。

図10·33 尖塔アーチ

図10·34 ゴシック様式の家具(ハイバックチェア)

図10·35 ステンドグラス

るフライングバットレス（図10·32）の開発により、飛躍的に天井が高くなった。また高いだけでなく神秘性を体験できるよう明るさ（神々しさ）と、尖頭アーチ（図10·33）により高い天井のさらに上に意識が上昇するような垂直性を強調したデザインとなっている。家具もまた上昇感を表現するような縦長の形（図10·34）や、リネンホールド（縦に細く布を折りたたんだような形状の彫刻）などが見られる框組工法のものが多く用いられた。

リブ・ヴォールト天井は次第に細かいリブで装飾的になり、大きな窓にはめ込まれたステンドグラス（図10·35）の眩い光も神秘的で圧倒的な神の存在を感じさせ、明るいが緊張感のある空間となっている。これらは、貧しさだけでなく、ペストの大流行、十字軍の遠征や戦争、異端の疑いで罪に問われる恐怖などで、苦悩が絶えなかった当時の人々にキリスト教への畏敬の念を抱かせるものにもなっていた。

新しい技術を開発することで「神は光なり」を体現した空間が完成した。

トレーサリー（飾り格子）は次第に複雑化し、ゴシック後期には変曲点のある曲線を用いた火焔式（フランボワイアン）（図10·36）が見られる。

図10·36 フランボワイアン

10·4 近世

1 ルネサンス様式（15～16世紀）

中世末の宗教的規制や封建制度による重圧から脱し、15世紀初期、自由や人間性の回復をうたったルネサンス運動がイタリアのフィレンツェに興った。貿易や織物業、金融業で富を得たブルジョワジーの庇護のもと、東ローマ帝国崩壊によって移動してきた優れた芸術家や知識人たちが、理想とする古代ギリシャ・ローマの復興を目指すものであった。

劇場や病院、市庁舎などの公共施設や、豪華な宮殿や邸宅が建造された。ルネサンス様式は古典に倣ったシンメトリー（対称）の構

ルネサンスとはイタリア語「リナシタ」（再生）に由来し、古代ギリシャ・ローマの古典文化の復興を目指すものであった。この時代には、レオナルド・ダ・ヴィンチやミケランジェロら多くの芸術家が活躍した。

図10・37 サンタ・マリア・デル・フィオーレ大聖堂のドーム外観
(public domain)

図10・38 ルネサンスの釣り鐘型ドーム(サンタ・マリア・デル・フィオーレ大聖堂)

図10・39 カッソーネ

図10・40 サヴォナローラ

図10・41 カクトワール。当時の大きく広がった貴婦人のドレスでも座りやすい台形の座面になっている

成に、安定感のある水平線を強調したデザインで、開口部には半円アーチや円が採用され、ドームは釣り鐘型（図10・37、10・38）である。色調も明るく自由な雰囲気を醸し出している。

　内装はブルネレスキらが研究した遠近法を取り入れた絵画や宗教画で飾られているが、描かれた人物はいきいきと立体的、表情豊かで全体に明るく仕上がっている。ブルジョワジーの住居においてはプライバシー保護や装飾のため、ベッド周りに天蓋から厚いカーテンが吊られるようになり、壁にはタペストリーが掛けられた。家具は表面に彫刻を施した櫃のカッソーネ（図10・39）、折りたたみ椅子のサヴォナローラ（図10・40）とダンテスカといった機能性の高いもの、フランスでは貴婦人のおしゃべり椅子としてカクトワール（図10・41）などが使われるようになった。このころから窓ガラスが使用されるようになり、カーテンをはじめとするウィンドウトリートメントが誕生した。

2　バロック様式（17世紀～18世紀初期）

　バロック建築はイタリアのサン・ピエトロ大聖堂（図10・43）が

図10・42 ヴィラ・ロトンダ

16世紀になると、マニエリスムという古典のモチーフを独自に再構成したような新奇で奇抜な造形が生まれ、アンドレア・パラーディオによるヴィラ・ロトンダ（図10・42）などが有名である。

参照：第8章3節「ウィンドウトリートメント」

イギリスのルネサンス期（17世紀初頭）には、スパイラル状の脚やS字型の渦巻装飾が流行し、ジャコビアン様式と呼ばれる。

図10・43　サン・ピエトロ大聖堂

図10・44　ベルサイユ宮殿

図10・45　バロック様式の家具（文献3などを参考に筆者作成）

始まりとされている。宗教改革の波が押し寄せ、プロテスタントの台頭に危機感を持ったカトリック教会建築を中心に17世紀ごろにローマで発生し、17世紀後期には絶対王政の全盛期であったヨーロッパ各国で豪華絢爛な宮殿や邸宅が建設された。代表的なバロック様式の宮殿は、フランスのルイ14世が造営した壮麗な**ベルサイユ宮殿**（図10・44）である。権力者は民衆に力を誇示するかのように、優れた才能と贅沢な材料を集めて豪華なバロック建築を築いた。

　バロックの語源は「歪んだ真珠」を意味するポルトガル語だが、ルネサンス時代に目指した整然とした古典の形式が崩れ、不規則で不完全なものへと変わったことを表している。**不規則な曲線**が用いられ、男性的な躍動感、くっきりとした明暗と、劇的で壮麗な装飾が特徴である。楕円やスパイラルといった複雑な力強い曲線で構成され、重厚感のある彫刻や家具（図10・45）が見られる。建物の配置や室内の家具の配置は権威的に堅苦しく**シンメトリー**になっている。

3　ロココ様式（18世紀）

　フランスバロックの末期（18世紀前期）、ルイ15世の時代になると、君主が弱体化し、宮廷に伺候する必要がなくなったため、貴族たちは窮屈な宮廷生活から逃れ、パリのサロン（オテル）での社交生活を楽しむようになる。バロックの誇張した演出、劇的な壮麗さが嫌われ、優雅さ、小規模な軽快さが好まれた。そのような**ロココ**様式は私的なインテリアデザインの様式である。特徴は曲線で構成される室、装飾モチーフは「人工の築山」を意味する**ロカイユ**（図10・48）であり、家具は**アシンメトリー**に配置され、淡いソフトな色合いでまとめられていることから、女性的であるといわれる。それは華やかな女性のドレスと連動して、さまざまなスタイルのカーテンが誕生したことからもうかがえる。また、アシンメトリーなコンソールテーブル（図10・49）や、イギリスでは背板に花瓶や楽器を形

サン・ピエトロ大聖堂のドームの下に設置されたジャン・ロレンツォ・ベルニーニによるバルダッキーノ（巨大天蓋）（図10・46）にバロックの劇的な壮麗さが表れている。

図10・46　バルダッキーノ

ベルサイユ宮殿は、建築家のル・ヴォーが設計し、造園はル・ノートル、室内装飾をイタリアから招かれた家具デザイナーのシャルル・ル・ブランが担当した。シャルル・ル・ブランは、有名な『鏡の間』（図10・47）を手掛けた。

図10・47　ベルサイユ宮殿（鏡の間）

図10・48 ロカイユ装飾(オテル・ド・スービーズ)

図10・49 コンソールテーブル

図10・50 クイーン・アン様式の家具(文献3などを参考に筆者作成)

図10・51 チッペンデールによるリボンバックチェア

どったオープンワーク（すかし彫）を施したクイーン・アン様式（図10・50）の椅子やチッペンデールのデザインした家具（図10・51）が流行した。

当時流行していたシノワズリ（中国趣味）を取り入れたデザインの家具（図10・52）や中国の景徳鎮、日本の伊万里焼などの陶器も大流行した。

4　リバイバル建築、新古典主義建築(18世紀中期〜19世紀初期)

18世紀になり、バロック、ロココ様式の曲線を多用した自由奔放さに対する反発に加え、古代ローマの遺跡発掘などによってギリシャ・ローマへの関心が急速に高まり、伝統的な様式や手法に理想を求める動きが生じた（図10・53）。

インテリアにおいては、フランスではギリシャ時代の装飾が用いられ、家具は直線的でシンメトリーに回帰しながらも、女性的で繊細な形となっている。イギリスではロバート・アダムがインテリアと家具のデザインの分野に軽快で優雅な新古典主義を広めた。チッペンデールに加え、ジョージ・ヘップルホワイト、トーマス・シェラトンらが家具デザイナーとして活躍している（図10・54）。19世紀になると、フランスのナポレオンは、宣伝効果を狙ってアンピール様式（図10・55）という古代ローマやエジプト、ギリシャなどのモチーフに、ナポレオンのイニシャルNの花文字をあしらったデザインの建築・インテリアをつくらせた。

ドイツやオーストリアではアンピール様式を基調としながら、くつろぎと親しみを追求したブルジョア階級の生活を提案したビーダーマイヤー様式（図10・56）が流行した。

イギリスでは、サーベル状の脚が特徴のリージェンシー様式（図

図10・52 シノワズリの天蓋つきベッド(文献3などを参考に筆者作成)

ロココの奔放で軽薄なイメージはすぐに人気がなくなり、広く普及することはなかった。

歴史的様式を採用した建築をリバイバル建築といい、考古学的調査・研究に基づき古代の建築を理想としながら、単なる古代の復興にとどまらず、古代に存在した真理を再生・復興することを目指したものを新古典主義という。フランスのボザール（建築の教育機関）で教えたことによりイギリス、ドイツへと広まっていった。

図10・53 ルイ16世様式のインテリア（プチ・トリアノン）。椅子やテーブルの脚は、曲線的な猫脚から直線的になっていった

図10・54 リバイバル様式の家具。左から、ロバート・アダム、ヘップルホワイト、トーマス・シェラトンによる椅子。楯の形やハート形の背、スペード形の脚が特徴で、キャスターつきや連結椅子など新しい機能も備えていた（文献3などを参考に筆者作成）

図10・55 アンピール様式（ナポレオン1世の玉座）（文献3などを参考に筆者作成）　　図10・56 ビーダーマイヤー様式の椅子（文献3などを参考に筆者作成）　　図10・57 リージェンシー様式の椅子　　図10・58 ダンカン・ファイフの椅子（文献3などを参考に筆者作成）

図10・59 ハイボーイ　　図10・60 ウィンザーチェア　　図10・61 シェーカー様式のロッキングチェア

10・57）が流行した。代表的なデザイナーは**トーマス・ホープ**である。

アメリカでは、新古典主義は**フェデラル（連邦）様式**と呼ばれ、**ダンカン・ファイフ**（図10・58）などが活躍した。

5　コロニアル様式（17世紀初頭〜18世紀末）

17世紀にスペイン、イギリス、フランスなどによる世界各地への本格的な植民が始まってから、19世紀前半ごろまで、建築物は、自国の建築やインテリア様式を基本に、現地の生活に合わせながら建造されていた。アメリカ大陸では地域によって、イギリス様式、フ

> ダンカン・ファイフはアメリカ最大の家具師で、数百人の職人を使って製作していた

> 家具では、ハイボーイ（図10・59）と呼ばれる衣装ダンスやイギリス発祥のウィンザーチェア（図10・60）などがある。

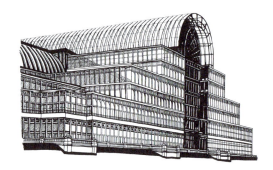

図10·62 クリスタルパレス（出典：文献5）

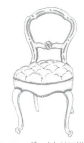

図10·63 ヴィクトリア様式の椅子（バルーンバックチェア）（文献3などを参考に筆者作成）

図10·64 トーネットの椅子（文献3などを参考に筆者作成）

ランス様式、ダッチ様式、ドイツ様式などに大別される。これらは日本や東南アジアにも広く見られる様式である。家具も現地で制作されるようになり、簡素化されたり、独自性のあるものになっていった。

10·5 近代

18世紀後期以降、ヨーロッパ諸国が次々と、民主化、資本主義化、工業化を遂げ、近代社会が到来した。芸術、建築、インテリアにおいては伝統的な様式や装飾が否定され、新しい建材が登場し、新しい考え方が必要とされた。建築家は、作家、画家、彫刻家、音楽家、演劇家などとともに同じ考えを持つ者同士で集まり、考えや作品を社会に発信するようになった。これらを「近代建築運動（モダニズム・ムーブメント）」と呼んでおり、ヨーロッパ各地でそれぞれ独立して興ったが、やがて世界的に共通するモダンスタイルが確立していく。

1 産業革命以降（19世紀）

産業革命によって、近代建築の3大材料といわれる鋼、新技術により生産しやすくなった板ガラス、ポルトランドセメントが開発されるが、新しい素材にふさわしい使い方、製法、相性のいい形を見つけることから始めなければならなかった。しかし、過去の様式や装飾の排除、機能の優先、機械美の賛美など新しい価値観が生まれ、生産方式も材料も変化したが、家具や日用品の形態を刷新することは容易ではなかった。

・新材料、新製法を用いたインテリア

1851年、ロンドンで開催された第1回万国博覧会メイン会場とし

> 信仰の自由を求めてアメリカに渡ったシェーカー教徒は、キリスト教に独自の教義を定めて自給自足の集団生活を送った。かつてはたくさんの信者がおり、生活道具や家具なども手づくりしていた。これらシェーカー教徒の手による家具や生活様式をシェーカー様式（図10·61）というが、シンプルで無駄がなく現在も世界で愛好されている。

第 10 章　インテリアの歴史（世界編）　145

モリスは「趣味の良いものによって人々の生活をより良くし、社会全体をもより良いものにしよう」と唱え、自ら壁紙などのデザインを手がけた。それらは現在でも愛好されている。

図 10・65　モリスがデザインした壁紙

図 10・66　アール・ヌーヴォーの家具（エクトル・ギマールによる）（文献 3 などを参考に筆者作成）

図 10・67　カサ・バトリョ

てつくられたクリスタルパレス（図 10・62）は鉄とガラスによるバシリカ形式の大空間となっており、工期短縮のために規格化した部材をあらかじめ工場で大量生産する手法が考案された。

家具では、イギリスのヴィクトリア様式の椅子（図 10・63）は、古典的な形態ではあるが、組み合わせ椅子、会話椅子など極めて実用性が高く、クッションには鉄のスプリング、フレーム材には紙と砂を接着剤で圧縮成型して製造したパピエ・マーシュという新素材が使われている。

2　アーツ・アンド・クラフツ運動（19 世紀中期〜後期）

産業革命により量産化の時代が到来したが、イギリスのウィリアム・モリスは大量生産による工業製品は低俗で粗悪なものが多いことを憂い、中世の手工業による良質な製品の製造、販売を実践した。これをアーツ・アンド・クラフツ運動といい、20 世紀のデザイン思想に大きな影響を与えた（図 10・65）。しかし、モリスの理想とする製品は入念な手仕事によってしか生産できず、高級品になってしまったため多くの人に届けることができず、その理想は実現できなかった。

3　アール・ヌーヴォー様式（19 世紀末期〜 20 世紀初期）

モリスの運動の影響を受け、ベルギーで発生しフランスで盛んになったのがアール・ヌーヴォー（「新しい芸術」の意）である。過去の様式と決別し新しいデザインを創造しようと、鉄、ガラスなどの新素材を使った不規則に流れるような植物の曲線（有機的な曲線）を源泉とした非歴史的な新しい芸術が生まれた。

この様式は家具（図 10・66）やランプ、書籍の扉、食器、ポスタ

オーストリアのミヒャエル・トーネットは、曲木（ブナ材を蒸気で蒸して曲げたもの）加工によりジョイント部分が少なく、軽量で丈夫な椅子（図 10・64）をデザインし、カタログによる受注販売や、ノックダウン工法といった効率化の手法を考案した。[→第 8 章 2 節「6 家具金物」]

トーネットは、20 歳のときに家具会社を設立し、曲木の技術はフランス、ベルギー、イギリスで特許を取得しているんだ。

エクトル・ギマールはパリ市からの依頼で市内 100 以上の地下鉄入口を手掛け、その評判によりアール・ヌーヴォー様式は各国に広がった。この様式のことをイギリスではグラスゴー派、ドイツ・オーストリアではユーゲント・シュテイル、スペインではモデルニスモという。アントニオ・ガウディによるサグラダ・ファミリアやカサ・バトリョ（図 10・67）などがその典型である。

図10·68　オルタ邸外観　　図10·69　メトロの入口(パリ)　　図10·70　ウィーン郵便貯金局内観(オットー・ワーグナー、1906、ウィーン)

ーなどのデザインをはじめ、建築にも応用された。ランプでは「ひとよ茸ランプ」(エミール・ガレ)、建築ではオルタ邸(ヴィクトル・オルタ)(図10·68)、パリ・メトロの入口(図10·69)などが代表的な作品である。

　新しい素材を用いた新様式は人々の注目を集めたが、アーツ・アンド・クラフツと同じく、その複雑な曲線は工業化した産業社会に対応できず、多くの庶民が所有できるものとして広く普及するには至らなかった。しかし、後の機械と芸術を統一しようという動きにつながっていった。

4　セセッション（分離派）(19世紀末期〜20世紀初期)

　19〜20世紀初頭にウィーンで結成されたセセッションは、アカデミズムからの分離を訴え、幾何学的な形態で実用性のある新しい様式、新しい芸術を目指した。画家で工芸家のコロマン・モーザー、建築家のオットー・ワーグナーの弟子であったヨーゼフ・マリア・オルブリヒ、ヨーゼフ・ホフマン、会長として画家のグスタフ・クリムトらが主要なメンバーであった。彼らの活動は実用的で時代に合った自由な芸術と建築を目指すもので、合理と非合理が混在するような独特のスタイルとなった（図10·71〜10·73）。それに対してウィーンの建築家アドルフ・ロースは、分離派メンバーの作品の装飾的な点を批判し、建築、インテリアにおける装飾の完全否定を唱え、ロース・ハウス（図10·74）などの作品を発表した。

> オットー・ワーグナーは「芸術は必要にのみ従う」とする必要様式を唱えた。代表作に、ウィーン郵便貯金局（図10·70）などがある。

> 日本でも若い建築家たちによって「分離派建築会」が結成され、日本で最初のモダニズム建築の導入として、建築、インテリアに大きな影響を及ぼした。

5　ドイツ工作連盟（1907〜1934）

　機械と芸術の統一を目指して1907年にミュンヘンで結成された。ドイツは産業革命が遅れた影響で工業の国際競争力を強化するために機械で量産しながらも質の向上を図る必要があり、建築、工芸における「規格化・標準化」を目指した。中心人物としてヘルマン・ムテジウスや、電気会社AEG社の電気ポット（図10·75）や、アー

> 工業製品においては、考案者と製作者は同一人物であるというわけにはいかなくなった。そのため、「規格化・標準化」と「芸術性」の葛藤を経て、産業デザインを担うプロダクトデザイナーが誕生した。

第10章 インテリアの歴史（世界編） 147

図10・71 セセッション館（ヨーゼフ・マリア・オルブリヒ、1898、ウィーン）

図10・72 ストックレー邸（ヨーゼフ・ホフマン、1911、ブリュッセル）

図10・73 「接吻」（グスタフ・クリムト、1907〜1908）（public domain）

図10・74 ロース・ハウス（アドルフ・ロース、1911、ウィーン）

図10・75 電気ポット

図10・76 アーク燈

図10・77 ヴァイセンホーフの住宅展で建設された集合住宅（ル・コルビュジエ、ピエール・ジャンヌレ設計）

図10・78 「Tableau I」（ピエト・モンドリアン、1921）（public domain）

図10・79 レッドアンドブルーチェア（作図：九後宏）

図10・80 シュレーダー邸（トーマス・リートフェルト、1925、ユトレヒト）

ク燈（図10・76）などをデザインしたプロダクトデザイナーのペーター・ベレンスなどが参加している。また1927年にはシュトゥットガルト近郊ヴァイセンホーフで住宅展（図10・77）を開催し、建築家のミース・ファン・デル・ローエや、ル・コルビュジエらによって、未来の住まいの理想の姿が示された。

> 1934年、政権を握ったナチスは独裁体制の強化のため、労働組合などの政党や団体を禁止。国家主義、反国際主義、反合理主義などを掲げ、モダニズム運動であるドイツ工作連盟も解散させた。

6 デ・ステイル（1917〜1931）

オランダのロッテルダムを中心に活動が展開された。「コンポジション」（図10・78）というタイトルの連作で知られる画家のピエト・モンドリアンによる「すべては縦・横の単純なラインと原色（赤・青・黄・白黒）のみで構成される」という発想を、建築や家具にそのまま応用した。その徹底した単純明快さは、装飾を否定した近代

図10・81 バウハウス校舎(ヴァルター・グロピウス、1925、デッサウ)　図10・82 旧朝香宮邸(東京都庭園美術館)(宮内省内匠寮、1933)　図10・83 サヴォワ邸(ル・コルビュジエ、1931、ポワシー)

建築の造形原理に強く影響を与えた。代表的な作品は家具デザイナーのトーマス・リートフェルトのレッドアンドブルーチェア（図10・79）、シュレーダー邸（図10・80）などがある。

7　バウハウス (1919〜1932)

「芸術と技術の新しい統一」を目標に1919年ワイマール（ドイツ）にデザイン教育のための学校として設立された。初代校長ヴァルター・グロピウスは造形活動の基礎は建築であると主張し世界に呼びかけた。指導者はミース・ファン・デル・ローエやマルセル・ブロイヤー、ヨハネス・イッテンといったデザイナーたちで、新しい家具を次々と発表していった。1925年には理念を具現化した校舎（図10・81）をデッサウに建造して独自カリキュラムによるユニークな教育を実践した。しかし、ナチスに迫害され、1932年に閉鎖し、何人かの指導者たちはアメリカに渡って活躍した。

8　アール・デコ様式(1910〜1939)とモダニズム

1920年代、フランスではアール・ヌーヴォー衰退後、資本主義経済による好景気のため、装飾美術が活気を取り戻し、1925年、商工業界のスポンサーシップのもと、「現代装飾産業芸術博覧会（アール・デコ展）」が開催された。パヴィリオンや展示品のデザインは、合理主義、機能主義が普及し始めたことにより、幾何学形態や、流線型、ジグザグ模様、階段型など（図10・82）で装飾されていたことが特徴的であったが、すでにモダニズム運動により合理主義、機能主義に基づく非装飾が浸透しており（図10・83）、装飾としてのアール・デコ様式は伝統的な装飾様式が根づいていたヨーロッパの富裕層には反応が薄かった。

しかし、アール・デコ様式が豪華客船のインテリアに用いられ、

旧朝香宮邸（図10・82）では、1925年のアール・デコ展においてパヴィリオンのデザインを手がけたフランス人デザイナー、アンリ・ラパンが主な内装設計を担当しており、本場のアール・デコを見ることができる。

クライスラー・ビルや、エンパイヤー・ステイトビルなどがアール・デコスタイルで建設され、ニューヨーク摩天楼が形成された。これらのビルはインテリアにおいても、アール・デコ独特の贅沢で魅惑的なムードを醸し出している。

アメリカに渡ると、ニューヨークの超高層建築で用いられ、人々は、アール・デコのデザインに、豊かさ、便利さを求める心を刺激された。アール・デコの特徴である幾何学形態は形の模倣が容易なので、安い素材で大量生産され、衣服やアクセサリー、家具、家庭電化製品などと連動し、高級品だけでなく廉価な商品も出回り、都市の労働力である庶民にも流行した。ステイタスシンボルであった「デザイン」が、ついに一般大衆が所有できるものになり、人々は、生活用品を価格だけではなく、デザインも吟味して、好みのスタイルを獲得するようになった。

> アール・デコ展では、近代建築の巨匠ル・コルビュジエもパヴィリオンを設計し、非装飾的で合理的なデザインを発信した。ル・コルビュジエは当時新技術であった鉄筋コンクリート構造を駆使して新しい建築や都市について考え（**近代建築の5原則**）、また独自の人体寸法体系（**モデュロール**）をつくり、インテリアのあり方を追求、それらに基づく作品を世界に発信した。1931年、サヴォワ邸（図10・83）として理念を完璧に具現化し、モダニズムデザインを完成させた。

10・6　現代

20世紀、世界は2度の大きな戦争を経験し、多くが破壊されたが、それらの復興とともに新素材や、新製法を用いた新しいインテリアデザインが生み出され、今に至っている。

戦後の復興にともない、インテリアデザインは、戦災の少なかった地域から活気を取り戻し、それぞれの国民性を反映して、特徴のあるデザインが世界に発信された。

・北欧モダン（1930ごろ〜）

第2次世界大戦以前から、伝統的な木工技術を活かして合板、集成材を取り入れた合理的で美しいデザインがつくり出されていたが、戦後はデンマークの**ハンス・ウェグナー**や、**アルネ・ヤコブセン**により、簡素で人間味あふれる高品質な家具（図A）がつくられた。

> 図A〜H「現代のデザイナーズチェア」は次頁に掲載

・ミッドセンチュリー・モダン（1950〜）

1950年代、アメリカでは工業化、量産化を目指し、アルミ（図B）、プラスチック（図C）、合板（図D）などの工業材料を使って量産できるデザインが生まれた。**チャールズ・イームズ**や**ジョージ・ネルソン**ら家具デザイナーや、**エーロ・サーリネン**、ミース・ファン・デル・ローエなど建築家がデザインしたインテリアデザインも生産された。

> ミッドセンチュリー・モダンのうちアルヴァ・アールトやフランク・ロイド・ライトによって手掛けられた、周囲の環境との関係性を意識し、有機的であることを重視するデザインをオーガニック・デザインともいう。人体に沿って流れるようなソフトなラインが特徴である。素材は合成樹脂などの人工素材も取り入れて形状と質感を追求している。

・イタリアモダン（1960年代〜1980ごろ）

合理性や機能面よりも、デザイナーの持つ感性や個性を大胆に打ち出し、遊び心のある面白さや、情感に訴えるような造形を取り入れたものが多いのが特徴で、充填材としてウレタンフォームなども使用された。**ジオ・ポンティ**（図E）や、**ビコ・マジストレッティ**（図F）、**ジョエ・コロンボ**（図G）などが代表的なデザイナーである。

A：エッグチェア
アルネ・ヤコブセン（1958）
硬質発泡樹脂＋アルミダイキャスト（脚）

B：アルミニウムグループ
チャールズ・イームズ（1958）
アルミフレーム＋ビニール

C：チューリップチェア
エーロ・サーリネン（1957）
FRP（座）＋アルミ（脚）

D：ラウンジチェア
チャールズ・イームズ（1956）
成型合板＋皮革＋アルミダイキャスト

E：スーパーレジェーラ
ジオ・ポンティ（1957）
トネリコ材

F：セレーネ
ビコ・マジストレッティ（1969）
強化ポリエステル

G：コロンボチェア
ジョエ・コロンボ（1965〜67）
ポリプロピレン

H：ウィグルサイドチェア
フランク・ゲーリー（1970）
段ボール

図A〜H　現代のデザイナーズ・チェア

・ポスト・モダン（1980年代〜）

　1970年代、オイルショックを迎えるとデザイン界も一時勢いを失い停滞するが、1980年代、再び家具デザインが活気づく。モダニズムのデザインを均質・画一的で退屈であると否定するようなデザインが、イタリアに出現する。これらは、60年代のイタリアモダンで芽生えたポップな表現の延長であり、エットレ・ソットサスはミラノで「メンフィス（1981〜1988）」というグループを結成した。メンフィスにはミケーレ・デルッキや梅田正徳らが参加し、子どもの玩具のような色鮮やかで大胆な形の自由で無国籍なデザインを発信した。他のポストモダンのデザイナーとして、オーストリアのハンス・ホライン（図10・84）、アメリカではフィリップ・ジョンソンや、フランク・ゲーリー（図H、図10・85）、チャールズ・ムーアらが活躍した。

図10・84　レッティ蝋燭店（ハンス・ホライン、1964、ウィーン）。ポスト・モダンの萌芽といわれる

図10・85　ダンシング・ハウス（フランク・ゲーリー、1996、プラハ）

日本においても「バブル経済」期といわれる好景気の時期には、倉俣史朗や内田繁らインテリアデザイナーが世界を舞台に活躍し、磯崎新、黒川紀章はじめ多くの建築家が、ポスト・モダンデザインの特徴を持った大規模な建築物を設計した。

参考文献
1) *Le grand atlas de l'architecture mondiale*, Encyclopaedia universalis, 1988, p.108（International Visual Resource）
2) Norman Davey, *A History of Building Materials*, Phoenix House, 1961.
3) 中林幸夫『インテリアデザイナーのための図でみる洋家具の歴史と様式』（理工学社、1999）
4) ⓒ Steve Swayne「The Parthenon in Athens」1978（https://commons.wikimedia.org/wiki/File:The_Parthenon_in_Athens.jpg）この作品はCC：表示ライセンス2.0で公開されています
5) 西田雅嗣・矢ヶ崎善太郎『カラー版 図説 建築の歴史』（学芸出版社、2013）
6) 日本建築学会編『西洋建築史図集　三訂版』（彰国社、1981）

第11章 インテリアの歴史（日本編）

西洋と同様に日本のインテリアも、気候風土、科学技術、宗教、政治などに影響されながら変遷を遂げてきた。日本は主に温帯に属し比較的温暖な地域が多いが、雨が多く夏は高温多湿で冬は寒く積雪もあるため、植生が豊かでさまざまな木材、特に優秀な建材である檜が豊富だった。そして四季折々の美しい自然環境に恵まれたことが日本人の感性を磨きインテリアを特徴づける大きな要因となっているのである。（写真：和紙の茶室｜蔡庵 © Satoshi Asakawa）

11・1　原始：縄文〜弥生〜古墳

約1万5000年前から約2300年前、石器を用いて狩猟採集生活を営んでいた縄文時代につくられた土偶や火焔式土器（縄文土器）（図11・1）は、おおらかで、力強く華やかなもので、当時の人々の美への強い欲求と、多様なデザインから豊かな個性を見ることができる。

やがて、大陸から朝鮮半島を経由して北九州に渡ってきた渡来人によりもたらされた文化を取り入れた弥生時代（紀元前1000年ごろ〜紀元後300年ごろ）に入ると稲作が本格化し、鉄器や青銅器もつくられ、農耕中心の定住生活が安定する。台頭してきた権力者が、いくつかの集落、小国をまとめて国を築き、続く古墳時代には、社会の階層化が一層進み、支配者層は食料の備蓄や、儀式のための建物（高床式）、墳墓、宝器（土器、青銅器）などを、盛んにつくった。弥生土器（図11・1）は、薄く、堅く焼成され、その装飾は縄文土器と比べると控えめで繊細、やや画一的になった。

日本の建築・インテリアの歴史は、高床式住居から進化する神社、寺院、富裕層の住居といった支配する側のものと、竪穴式住居から

> 縄文時代の三内丸山遺跡では、竪穴式住居だけでなく32m×9mもの大型の建物や、高さが48mにも及ぶともいわれる構築物もあった可能性があり、高度な技術を持っていたと考えられている。

> 縄文土器と弥生土器の特徴の変化は、大陸の影響と国家体制の確立による統制や生産体制の確立などが関係している。

図11・1　火焔式土器（縄文土器）（左）と弥生土器（右）

住吉造：直線的な切妻屋根で、妻側の中央に入口がある。内部は、前後2室に分かれている。（例：住吉大社）

神明造：直線的な切妻屋根に平入り。棟持柱をはじめ主な柱は掘立柱で部材は白木である。（例：伊勢神宮）

大社造：やや反りのある切妻の妻入だが、右に偏った位置に入口がある。内部は、柱を中心に右回りに半回転して神座に至る。（例：出雲大社）

図11・2　住吉造、神明造、大社造（出典：文献 I）

大きな変化がない支配される側の民家に大きく分かれて時代は進んでいく。遺構が多く残っている支配する側の建築である神社、寺院、住宅の3類型の変化について見ていこう。

11・2　古代：飛鳥・奈良（～8世紀）

1　神社──日本独特の神社形式の確立

立派な社を建てる技術がなかったころ、日本人が信仰していたのは山や森、岩などの自然物そのものであったが、やがて、高床式倉庫や住居を発展させ、八百万の神々を祀る神殿としての神社を造営した。

直線的な切妻屋根で白木づくりの住吉造、神明造、大社造（図11・2）が4世紀ごろに確立した。これらは大陸の影響の少ない日本最古の神社形式である。

2　寺院──大陸技術の輸入

権力争いを制した蘇我氏が飛鳥に都をつくり、6世紀の中ごろに伝来したばかりの仏教で国の統治を試み、普及につとめた。聖徳太子は大陸に遣隋使を送り、朝鮮半島の百済から大工や職人を招き、寺院（飛鳥様）を建造した。大陸の体制が隋から唐になっても、たくさんの遣唐使が大陸に渡り、技術や文化、仏教を日本に伝えた。

当時の寺院は大勢の学問僧を抱えた集団生活の場でもあり、伽藍といわれる敷地内には、さまざまな建物が建っている。唐招提寺金堂（図11・4）は大陸の影響が強いが、大陸の手法に日本独自の手法を加えた寺院（和様）形式に発展する最初期のものといわれる。

インテリア・建築は、生きることに精一杯の状況では変化はあまり見られないが、財力、権力があれば新しい技術や高価で希少な材料を入手しやすく、機能や美を追求できるので、変化、発展を遂げていく。したがってインテリアの歴史は、主に支配する側の歴史であることを忘れてはならない。

西洋と違って室内装飾に鮮やかな色彩が少ないのは、気候の穏やかな日本では四季折々に美しい花や自然の風景を、家の中からいつも眺めていることができたから、心の潤いとしての室内装飾はあまり必要とされなかったと考えられている。

飛鳥様で建てられた法隆寺にはギリシャ神殿のようなふくらみ（エンタシス）のある丸柱がある（下図11・3）。

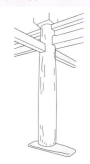

図11・3　法隆寺回廊の柱

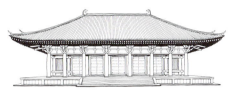
図11・4　唐招提寺金堂(出典：文献2)

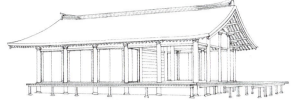
図11・5　法隆寺東院伝法堂前身建物(出典：文献1)

3　住宅

貴族の住宅は法隆寺東院伝法堂（図11・5）のように、長方形のワンルームの周囲を庇で囲んだような形式であったが、後に寝殿造へと発展していく。

11・3　古代：平安（8～12世紀）

1　寺院——国風文化の高揚

794年に都を京都に移した当初は、積極的に大陸の文化を取り入れるが、大陸の情勢が不安定になり、894年には遣唐使を廃止、中国との交流が絶たれると、日本独自の文化（国風文化）が花開いた。寺院においては、緩やかな勾配の檜皮葺屋根で、内部は天井と床板を張って室内から構造を隠蔽し、壁は建具を多用して開放的なつくりとなった和様建築が完成する。均一な部材を並べた折上天井や格子は、材料の調達と、細かい加工が可能となった道具と手仕事の技術の発達にも起因している。蓮華王院本堂（三十三間堂）や、大報恩寺本堂（千本釈迦堂）（図11・6）に代表される。

一方、遣唐使として唐で学んで帰国した最澄は比叡山に天台宗、空海は高野山に真言宗を開き、祈祷を通じて貴族と強く結びつき、仏教を発展させていく。

図11・6　和様建築の例(大報恩寺)(出典：文献2)

2　神社——神仏習合による複雑化

神社は、妻側に向拝をつけた春日造、切妻屋根の軒側に向拝をつけた流造が全国に多くつくられた（図11・7）。また、寺院と神社が同じ敷地内につくられるなど、神仏習合が広がり、建築的技法が混ざり合った神社や寺院なども建造され、つくりが複雑化していく。

3　住宅——阿弥陀堂と寝殿造

11世紀前後、貴族たちに流行していた仏教の浄土教の思想にちなみ、私的な堂として阿弥陀堂が盛んに建立された。これらは、穏や

図11・7　春日造(上)、流造(下)(出典：文献1)

> 神社には凛とした近寄りがたさ、清々しさを感じるが、寺院は、鮮やかな彩色も賑やかで、開放的で多くの人が集まる活気にあふれている。日本では、このようにまったく異なる様式が同時期に共存していて、融合もする。住吉大社や、春日大社は、大陸の影響で、軸部に丹塗りを施した華やかなものとなっている。

図 11・8 寝殿造(出典：文献 2)

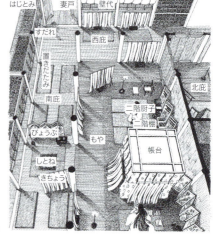

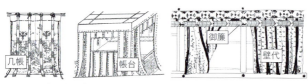

図 11・9 寝殿造の家具

図 11・10 寝殿造の内部(出典：文献 3)

かで緩やかな勾配の屋根で、軽やかさと優雅さが特徴である。

　当時、貴族たちは毎年おびただしい数の年中行事を自宅で執り行っていた。そのため、年中行事を行う場として敷地（主に約 120m × 120m）の中央に配された南向きの寝殿と東西の対屋を渡殿、廊で連結し、庭には遣り水や池を有する寝殿造という貴族の住宅がつくられた（図 11・8）。寝殿造は完全な形で残っているものはなく、『枕草子』や『源氏物語』のような絵巻物に描かれた様子などからとらえることができる。

　寝殿は塗籠といわれる部分を除いて、大きなワンルームとなっており、さまざまな祭事に合わせて可動式の衝立や屏風、几帳で仕切り、開口部には蔀、半蔀［→第 7 章 5 節「開口部」図 7・26］などの建具に、御簾、壁代などを吊り（これらは屏障具という）、板張りの床には、置畳や、しとね、円座などを人の座る部分に敷いた。収納具として、櫃や箱のほか厨子棚などがあった（図 11・9、11・10）。基本的に床座だが胡床といわれる椅子もあった。これらで空間を調整、演出することを"しつらい"といい、日本のインテリアの始まりといわれる。

　1168 年に平清盛の力添えで建造された厳島神社は、歴史上最後の寝殿造で、唯一、海上に建てられたものとなった。平家は源氏に敗れ、世は戦乱の武士の世界となり、人々の生活や価値観が変わり、空間にも大きな変化がもたらされた。

阿弥陀堂には平等院鳳凰堂（下図 11・11）などいかにも極楽を表したような装飾が見られる。

図 11・11 平等院鳳凰堂(出典：文献 2)

京の都は中国に倣って御所を中心に縦横の道で整然と区画されており、1 区画の大きさは約 120m × 120m と決まっていた。その区画割はさらに細分化されてはいるが、現在も残っているんだ。

"しつらい"が日本のインテリアの始まりだというゆえんは、建築物の力強い木組み構造に関係なく、布や建具で空間を仕切り、家具などで空間の雰囲気を行為に対応して意識的に"演出する"という取り組み（自覚的なインテリアデザインといえる）は、寝殿造以前には見られなかったからである。

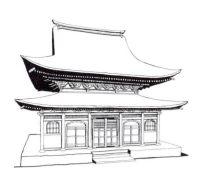

図11·12 円覚寺舎利殿(出典:文献2)

図11·13 円覚寺舎利殿断面図(文献4より作図)

図11·14 波連子窓(上)と火頭窓(下)

11·4 中世:鎌倉〜室町 (12世紀末〜16世紀)

1 寺院──禅宗の大流行

1192年に鎌倉幕府が成立し、政治の中心は京都から鎌倉に移る。台頭してきた武士たちは貴族的なことを嫌い、天台・真言の求めた厳しい戒律や、学問、寄進などを重要視せず、武士や貧しい庶民にも門戸を開いた新仏教に傾倒していった。宋で学んだ重源は東大寺の再建を果たした。

また、重源の弟子、栄西による新興の臨済宗は人気を博し、鎌倉に建長寺や円覚寺舎利殿（図11·12、11·13）などの禅宗寺院が建設された。開口部は少なく、闇に吸い込まれるような天井や、堂内に浮かぶ火頭窓や波連子窓（図11·14）からの光による視覚的効果が計算されていた。

続いて、大陸から来た新手法を和様の建築に取り入れた折衷様が盛んにつくられた。

2 住宅──書院造から草庵茶室へ

室町幕府が開かれると、祭事に明け暮れた平安貴族と違って、武士たちは、人間関係に神経を遣い、接待や打ち合わせの場が必要とされた。

足利義満は国内統一を果たすと、政治の場、社交の場として、京都の北山に壮麗な鹿苑寺金閣（図11·16）をつくり、北山文化を築いた。また義満の時代に、鎌倉時代から私貿易や僧侶の往来などで盛んに交流していた明との国交（勘合貿易）が開かれたことにより、経済は活発化し、有力者たちの間で、栄西が持ち帰った飲茶の習慣

> 東大寺南大門は、構造的な美しさを強調し、豪放で力強く自由な手法を用いた**大仏様**といわれる。

> 組物を数多く用いて巨材に頼らずに大規模化し、精巧な構造美をあらわす**禅宗様（唐様）**は、座禅によって静かに精神修養することを重視している。

> 禅宗の概念は現代まで通じる日本の文化に大きく影響を及ぼしている。導師（僧侶）の生活の場を「方丈」、座禅の部屋を「室中」、方丈の出入口を「玄関」と呼ぶなど、住空間に関する名前の由来となっているものも多い。枯山水の庭や、襖に水墨画を描くこと、曲ろくや倚子（図11·15）などの家具も伝わった。

図11·15 曲ろく(上)、倚子(下)

図11·16 鹿苑寺金閣

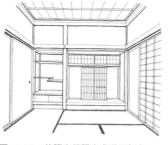
図11·17 慈照寺銀閣東求道同仁斎。最初の書院造とされる（出典：文献2）

図11·18 二条城二の丸御殿大広間（出典：文献2）

（闘茶、茶寄合）が広まった。宋からもたらされる青磁の器、水墨画などが人気を博し、それらを飾ることができる接客空間がつくられるようになる。それはやがて、角柱に襖、障子などの建具を取りつけ、書院、床の間を備え、畳を敷き詰め、接客空間と私的な空間を分離するために仕切られた部屋で構成される書院造（図11·17）として完成するのである。書院造は江戸時代に、より厳格な格付けのもと、城内の御殿や、寺院の客殿や対面所など公式な接客空間として、壮麗、豪華絢爛な、金碧の障壁画や彫刻に彩られ、威厳に満ちた空間として頂点に達した（図11·18）。

京都を焼き尽くした応仁の乱（1467年）の後、将軍足利義政は禅の精神に基づく簡素さと、伝統文化の幽玄・わびを基調としたサロンのような山荘、慈照寺銀閣を東山につくり、東山文化を築いた。

また、禅宗の僧であった村田珠光は茶と禅の精神の統一を主張し、茶室で心の静けさを求める侘茶を創出した。茶道は貿易で潤っていた大阪、堺の町人の間でも広まっており、商人出身の武野紹鷗から、千利休へと受け継がれ、簡素の美を極限まで追求した草庵茶室（図11·19）が完成した。草庵茶室は、建築の手法に決まりはないが、土壁、にじり口、下地窓と掛け障子など、質素で、独特の要素を用いて、極端に小さな空間に、細やかでさまざまな工夫がなされている（図11·20）。

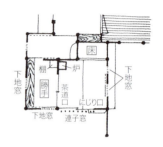
図11·19 草庵茶室（待庵）平面図

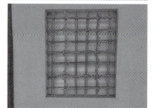
図11·20 にじり口（上）、下地窓（下）

11·5　近世：安土桃山～江戸（16世紀末～19世紀末）

1　住宅——居城、御殿

応仁の乱の後約100年の間、戦乱の世が続いたが、織田信長は畿内を平定し、1576年に琵琶湖畔安土山に、城主の居館と、戦闘施設としての櫓をひとつの建物にまとめ、天守を中心とした豪華な城郭、安土城を建造した。この形式は天下統一を目指す有力な武将たち

このように、戦乱の中にあって、大陸の技術、思想を吸収しながら、日本独特の伝統文化の基礎が形成された。庶民の間にも盆踊りなどの行事や、茶会、お伽草子などの物語が流行する。

図11・21 姫路城

図11・22 桂離宮（出典：文献2）

図11・23 桂離宮平面図（文献4より作図）

図11・24 日光東照宮陽明門（出典：文献2）

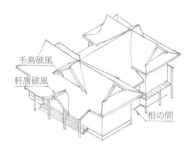
図11・25 権現造（出典：文献1）

図11・26 松代藩校文武学校

の力を誇示するかのように各地に競って建造された（図11・21）。外装は漆喰や漆などで耐火・耐久性に優れ、内装は狩野派に代表される御用絵師による龍虎など、力強い障壁画が描かれていることもある。

17世紀初頭、豊臣秀吉の天下を経て、ようやく徳川家康により江戸幕府が開かれ、混乱は収束していく。そのため城は、政務や対面のため格式の表現が重要となった。江戸城本丸の大広間では装飾、床の段差、天井の形式などが社会的地位と明確に関連づけられたデザインが完成した。

一方、宮廷中心の公家社会においては、洗練された風雅さを追求し、桂離宮（図11・22、11・23）などに代表される厳格な形式を持たない数寄屋風書院という建築が生まれる。桂離宮は、茶室建築の手法を取り入れた別荘で、茶会や連歌などの遊興のための茶屋と雁行に配された4つの空間、桂川の水を取り込んだ庭で構成され、モダニズムに通じるような直線的で簡素な洗練された美しさが特徴である。

2　神社、寺院──贅を尽くした権現造と庶民の参詣空間

神社においては日光東照宮（図11・24）、豊国廟に代表される、家康、秀吉など人物を神格化して祀るための豪華絢爛に装飾を施した霊廟が権現造（図11・25）の形式で建築された。権威の象徴として、

権現造は権力のアピール。西洋のバロック建築に似たところがある点がおもしろいね。

図 11・27　式台玄関　　図 11・28　合掌造の民家　　図 11・29、図 11・30　中門造の民家（信濃秋山の民家）。屋根と壁も茅葺である。内部は珍しい土座住まいであった

（図 11・27〜11・30 はいずれも日本民家集落博物館（大阪府豊中市）で撮影）

空間的には御神体を祀る中心部への求心性を強調するように大規模化し、複雑な屋根を滑らかにつなぐ工夫や、内部の床や天井の高さを変化させて中心部の重要性を高める工夫なども見られる。

　一方、仏教が大衆化し、寺院では多数の信者を収容するために大規模な堂を次々と建設する。大量かつ迅速な建設が求められ、まさに建設バブルであった。内部には以前とは違い、参拝者のために畳が敷き詰められ、境内の塔には下から見上げられることを意識し鮮やかに彩色されているものもある。

> **江戸末期〜近代の公共建築**：有力者たちに雇われ、芸術的才能や専門性を高めた絵師や、塗師、職人などが江戸、京都を中心に活躍した。また、学校（図 11・26）、劇場、銭湯、遊郭など庶民のための建物も盛んに建設され、庶民生活の文化も豊かになっていった。

11・6　江戸の民家、庶民の建築・インテリア

1　農村・漁村の民家

　庶民生活は、特に貧しい農村、漁村では古代からこのころまで大きく変わってはいない部分もあるが、世の中が安定してくると、インフラが整い、地域性豊かな都市や農村が形成された。農家や、町家の構造技術、機能性なども向上した。

　農家は、作業スペースとしての広い土間を有し、庄屋など参勤交代時に大名が立ち寄るような家には**長屋門**、**書院座敷**、重要な来客のためだけにつくられた**式台玄関**などがあった（図 11・27）。それらは、地域によって多様な形式を見ることができる。また、構造や意匠においても、急峻な屋根の合掌造（図 11・28）や中門を付した中門造（図 11・29、11・30）など、各地域によりさまざまな特徴がある。

　現代まで残っているような住宅はどれも豪農であったが、法によって材料や仕様に制限があり、江戸時代の農家住宅の柱は細く、大変質素なつくりであった。しかし、歪んだ丸太材の力強さや、鉋のかかっていない柱、梁の暖かみなどを感じることができる。

> **ハレとケ**：日本人の概念にはプライバシーというものがないといわれ、個人の私室というものが住居内に存在しないが、「ハレ」という表向きの公式で格調高い場と、「ケ」という私的な普段着の気楽な場が明確に分離して存在している。お客様（役人や大名なども）の接遇場所である門・式台玄関・座敷、あるいは店がハレ、家族だけが使う台所、納戸（夫婦寝室）などがケである。

> 日本の家屋は年に数回のお客様のために、玄関を大きくし、南側の最も条件の良いスペースを床の間つきの和室にし、家族が毎日使用する居間や食堂が北向きで狭いという事例もあるよ。

2 門前町・城下町・宿場町の町家

町家は都市にあって、商売を営んでいる住宅である（図11・31）。通りに面して店舗空間（みせの間）があり、奥に住居がある。城や大きな神社、寺などの周辺や、街道沿いなどには、たくさんの店が並ぶため、間口は狭く、奥行きが深いつくりになるのが一般的である。通風や採光のために、中庭を設けている場合も多い。町家においても気候風土などにより多様な地域性が見られる。

「みせ」という言葉は「見せる」に由来する。

図11・31　町家の例（名古屋市有松）

11・7　近代：明治・大正・昭和初期（19世紀末〜20世紀前半）

・西洋文化の移入

江戸時代が終わるころから、国家的な施設や、財を成した民間企業の社屋や、商業施設、富裕層の邸宅などが次々と建設され、建築やインテリアデザインは西洋に影響されながら劇的に変化していく。政府はお雇い外国人建築家ジョサイア・コンドルらを招聘し、重要な建築物の設計（図11・32）、建築教育をゆだねた。工部大学校造家学科（現東京大学建築学科）でコンドルの教えを受けた辰野金吾は、東京駅（図11・33）、日本銀行などを設計した。まず官庁や学校などから西洋化が広まり、各地で純和風の資産家の屋敷内などに洋館といわれる応接用の館が現れる。やがてそれらを独学で学んだ日本人の大工が建てる擬洋風建築（図11・34）なども登場し、庶民の生活にも西洋の文化が浸透していったのである。

住宅においてはまずは玄関の脇にある1部屋を洋風椅子式の応接間にして、他の部屋は畳敷きの和風という和洋折衷スタイルが広まった。そして、官庁や学校、軍隊などで椅子式が取り入れられ、日本でも洋風家具が生産されるようになった。一般家庭においてはまず、これまでの食事は1人1膳という家父長制スタイルだったのが、全員で1つの卓袱台を囲むスタイルへと変わってくる。大正時代になると、台所を中心に家事労働の合理化や、プライバシーを意識した中廊下型（図11・35）の間取りがつくられ始める。

1923年の関東大震災ではレンガ造建築物の倒壊や火災の大発生など、甚大な被害が出たため、耐震化建築の普及を促進することになった。震災復興に加え、新しい生活スタイルの提案を盛り込んだRC造の中層集合住宅、同潤会アパート（図11・36）が建設された。

進歩的なイメージの幾何学形態で構成された華やかなデザインのアール・デコ様式（図11・37）が日本でも流行し、一方で、宗教家

1853年、アメリカからペリーが現れて以来、日本はにわかに西洋と対峙することになった。江戸幕府から明治政府へと政治体制も代わり、首都東京の欧化政策により、政界人や財界人はじめ富裕層から生活に西洋式を取り入れ始めた。

図11・32　旧岩崎邸

新しい生活スタイルは人々の意識にまで影響を与え、都会ではモダンガール、モダンボーイといわれる若者が注目を集めた。

図11·33 東京駅

図11·34 擬洋風建築（開智学校）（出典：文献2）

図11·35 中廊下型（出典：文献5）

図11·36 同潤会青山アパートの一部を再現した「同潤館」（撮影：加藤幸枝）

図11·37 アール・デコ様式（夕陽丘高校清香会館）

の柳宗悦を中心に河井寛次郎、濱田庄司らは、伝統民俗工芸の保護・育成を目的に民芸運動を展開した。

　このころまで、日本の洋風建築はヨーロッパの古典主義的建築が主だったが、欧米ではすでにル・コルビュジエらが古典主義建築を否定し、モダニズム建築を提唱していた。これらに共感した建築家たちが日本でもモダニズム建築をつくって活躍した。前川國男や、坂倉準三はル・コルビュジエに師事し直接教えを受けている。モダニズム建築の家具・内装を手掛けたのは柳宗理や剣持勇らのインテリアデザイナーたちであった（図11·38、11·39）。

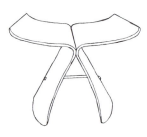
図11·38 バタフライスツール（柳宗理）

図11·39 藤椅子（剣持勇）

11·8 現代（20世紀後半～）

・第2次世界大戦後

　終戦を迎え、日本は深刻な住宅難に陥り、国はその対策として日本住宅公団を設立し、団地の建設を促進した。日本人の生活を豊かに、機能的にするための間取りとして、西山夘三の唱えた食寝分離（食事スペースと就寝スペースは区別する）、隔離就寝（夫婦の寝室と子どもの寝室を区別する）の概念をもとに、夫婦と子どもという核家族のために開発された「51C型」（図11·40）というプランが採

この間取りの考え方は、DKにL（リビング）をつけ加え、個室（寝室）の数（n）を示したnLDKで表現される住宅の規模の概念につながった。

図 11・40　51C 型

図 11・41　初期のプレファブ住宅

図 11・42　ポストモダン（京都駅）

用され、全国に大量に建設された。ここで初めて**ダイニングキッチン（DK）**という厨房を兼ねた椅子式の食事室が登場し、家族団らんを重視し、主婦の立場向上、つまり家族の民主化が実現した。

　日本人にとって、新しく、画期的な住宅だった団地であるが、高度経済成長時代を経て、生活が豊かになると、狭く画一的で没個性的であるとして、批判や不満が出てきて、人々は郊外に庭つきの一戸建てを求めるようになっていく。

　続いて、戸建て住宅の大量生産のため、**プレファブ住宅**（図 11・41）が本格化した。1959 年、大和ハウスが「**ミゼットハウス**」を商品化して以来、住宅メーカー各社によって次々と商品化されて現在に至っている。このころから、インテリア建材にさまざまな工業製品が用いられるようになり、また家庭用電化製品の普及により、道具、内装、家具の色、質感などの種類が増え、個人住宅のインテリアは混沌としていった。

　1980 年代のバブル景気に沸くころには、個性的で遊び心やアートのある**ポスト・モダン**のデザイン（図 11・42）が、インテリアデザイナーから多く発信され、唯一無二の自分らしさを願う傾向の高まりとともに、日本でもインテリアへの関心が高まっていった。

　バブル期には豪華できらびやかな内装、家具が流行したが、1990 年代前半にはバブルは崩壊し、物が増えすぎた暮らしの見直しや、健康を考慮した自然素材への関心の高まり、エネルギー効率や環境への配慮など、豊かさの概念も変化しながら今に至っている。

参考文献
1) 渋谷五郎・長尾勝馬原著、妻木靖延著『新訂 日本建築』（学芸出版社、2009）
2) 西田雅嗣・矢ヶ崎善太郎『カラー版 図説 建築の歴史』（学芸出版社、2013）
3) 稲葉和也・中山繁信『建築の絵本 日本人のすまい 住居と生活の歴史』（彰国社、1983）
4) 日本建築学会編『日本建築史図集 新訂版』（彰国社、1980）
5) 日本建築学会編『コンパクト建築設計資料集成［住居］第 2 版』（丸善、2006）

第12章
パース（透視図）

「パース」は、建築やインテリアの空間を表現するビジュアルコミュニケーションのひとつである。「パースペクティブ（perspective）」の略語であり、主に建築やインテリア空間の完成予想図に使用される透視図（遠近法を使って立体・空間を表現した図）のことを指す。この章では、プロが実践しているパースのテクニックや注意点を紹介し、手書きあるいはCG（コンピューターグラフィックス）を使用した空間表現のポイントを学ぶことを目的とする。(タイトル背景および図12・1～12・5のパース制作：宮後浩)

12・1　パースとは

・パースの用途と目的

　建築やインテリアでは、工事が終わるまで最終的な空間を施主に見せることができない。また、施主は空間の把握に関しては不得手な場合が多く、一般的な平面図や立面図、展開図などでは、イメージを膨らませることが難しい。その解決策として、空間のイメージをわかりやすく表現するために用いるのがパースである。パースには、下記のように大きく4つの用途と目的がある。

①**営業ツール**：完成予想図として施主に示すもので、計画が始まる段階で、空間のイメージをわかりやすく伝えることを目的としたもの。

②**考察ツール**：空間のイメージを考察する際に用いるイメージパース。色彩やテクスチャー、あるいは照明効果など、あらゆる要素を検討することを目的としたもの。

③**指示ツール**：設計図書の補足として、工事現場や打ち合わせなどで用いられ、空間や納まりを立体的に表現したもの。美しさ

人の目はとても精巧で、ひとつの場面を見たときに、遠近感を脳でコントロールする能力を備えているんだ。だから、透視図の図法通りに描くと、画面の手前が異常に大きくなったり、奥行きが長くなったりと、人が現実に感じる空間とは異なった表現になってしまうこともあるんだよ。

図 12·1　1 点透視図

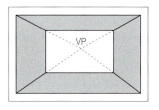

図 12·2　2 点透視図

図 12·3　3 点透視図

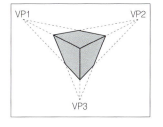

や細かな表情よりも、手早くわかりやすい表現が求められる。

④**販促ツール**：広告など、魅力的な空間をイメージしやすくした完成予想図。現実的な空間表現が求められることが多い。

12·2　パースの種類

・**1 点透視図（平行透視図法）**（図 12·1）

　インテリアの場合、奥の壁が画面に対して真正面を向くように描くことが多い図法である。画面に対して平行な幅(X 軸)・高さ(Z 軸)方向の線は、水平・垂直となり、奥行き（Y 軸）方向の線は、すべて 1 つの消点（VP）に収束する。ほとんどの場合、この **1 点透視図**を使えば十分に表現することができる。

・**2 点透視図（有角透視図法）**（図 12·2）

　画面に角度をつけることができ、描きたい角度から表現すること

図12・4 不透明彩色パース

図12・5 淡彩パース

ができる。幅（X軸）・奥行き（Y軸）方向の線は、それぞれ消点（V1、V2）に収束し、高さ（Z軸）方向の線は垂直となる。1点透視図と比べ、表現が豊かになる。

・3点透視図（斜透視図法）（図12・3）

　幅（X軸）・奥行き（Y軸）・高さ（Z軸）方向の線のすべてが、それぞれの消点（V1、V2、V3）に収束する。建築の場合は俯瞰図として、インテリアの場合は吹き抜け空間で用いられることが多い。

12・3　手描きパース

1　手描きパースの種類

・**不透明彩色パース**（図12・4）

　時間はかかるが、重厚感や素材の質感を表現するのに適している。最終的な完成予想図として利用する場合が多い。

・**淡彩パース**（図12・5）

　インキングと彩色によるもので、素早く描くことができる反面、質感の表現が難しい。計画段階で用いる場合が多い。

2　手描きパースのコツ

　プレゼンテーションの初期段階で用いられることが多く、イメージや雰囲気を伝えることを主な目的とした表現に適している。したがって、空間の雰囲気を表す陰影やコントラストの強弱による立体感、照明や日照によるハイライト、グラデーションによる遠近感など、表現したい空間はどのようなものなのか考えながら描くことが重要である。また、仕上げの質感や目地、ガラスや鏡の映り込みなど細かく描き進めると、よりリアルな表現になる。

近景は彩度を上げ、遠景は彩度を下げ、明度を上げると、バランスの良い遠近感が表現できるよ。

見せたい場所をしっかり描き込み、重要ではない部分や、画角の端の方をあっさり描くと、伝えたいことが明確になるよ。

図12·6 デジタルパースによる昼夜の様子の検討

12·4 デジタルパース

1 デジタルパースの種類

・CGパース

　コンピュータを使用し画像加工して作成したパースを指し、3D CADで描いたデジタルパースや、写真データなどをグラフィックソフトで加工したものなどの総称である。人や物などの添景、装飾、色の微修正など、手書きパースに比べて比較的簡単に表現することができる。

・3D CAD

　平面図、立面図などの2Dデータを元に**モデリング**したものを3Dデータという。1つの3Dデータから、さまざまなアングルのパースを作成することができる。また、同じ空間でも、**レンダリング**を変えることで、床・壁・天井の仕上げ、家具など複数のパターンを表現できるため、デザインの検討を、比較的簡単に行うことができる（図12·6）。手書きパースと比べて、リアルに空間を表現することができる。

> **レンダリング**：抽象的な立体データに質感（テクスチャ）を与えること。加えて光源や陰影の情報を盛り込むこと。

2 デジタルパースのコツ

　背景や添景、素材の変化、繰り返しの表現など、手書きでは容易にできないコンピュータの特徴を見極め、活用することが必要である。ただし、3D CADやグラフィックソフトの性能によって、仕上がりに差が出る場合があるので、注意したい。また、コンピュータに頼った表現だけでは、臨場感のない表現になってしまうことが多く、活き活きしたデジタルパースを描くには、**絵心**を養うことも大切である。

> デジタルパースは、写真のようにリアルな表現をすることも可能だけれど、プレゼンテーションの初期段階など、イメージを膨らませる場合には、手書きパースが有効な場合もある。また、空間のコンセプチュアルなイメージなど、リアルさを求めない表現には、手書きパースが有効に働くんだ。

第13章
インテリアデザイン実務の進め方

この章では、実在する飲食店の計画とその手順、およびコンセプトワークなどから、プロが実際に考えている事柄を紹介する。ここではモノや空間は、すべて何かしらの理由があって形づくられているということを理解し、本書のまとめとして、実務に応じたデザインの考え方を習得してほしい。

イタリアンレストランの新装計画を例に、具体的なインテリアデザインの進め方を見ていこう。

1　現場調査

下記の項目について現場確認を実施する。

- 計画地（建築やインテリアを施す室）の要素：位置、方位、形状、大きさ、構造、強度、耐久性、可変性など。
- 環境的要素：給排水、電気、ガス、空調などのインフラに加え、通風、採光についても確認する。
- 利用者の要素：動線、通行量、年齢層や職業など。
- その他：予算、関連法規、施工などの要件について確認する。

主要構造部の1つ以上を過半にわたり修繕工事・模様替えを行う場合は、「確認申請」という行政への届出が必要になる場合がある。

本章の事例は、主要構造部に関わる工事がないため、確認申請は不要であるが、誘導灯の移設、感知器の移設にともない、消防署への届出が必要となる案件である。

本計画では、施主からの要望により、隣地に大きなイベントホール、ショッピングモールがあることから、その利用者からの集客を狙い、計画地に隣接する飲食店との相互作用と差別化を図ることと

現場を訪れた際に感じる空気感や、人の流れなどについては、施主や利用者も同じようなことを感じている。その事象を丁寧に活かしながら計画することが重要なんだよ。

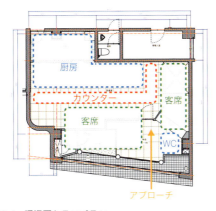 

図 13・1　現況図とラフプラン　　　　図 13・2　平面図

した。計画地周辺の飲食店は、比較的安価でラフな雰囲気の店舗が多いため、少し背筋の伸びるような緊張感のある店構えと、行き届いたオペレーションができる店舗を目指した。

2　白図とラフプランの作成（基本構想）

　現場調査をもとに、白図と呼ばれる計画の基となる現況図を作成する。続いて施主の要望や敷地条件に応じ、オペレーションやサービス、利用者動線などを考慮しながらゾーニングし、ラフプランを検討する。ここでは、既存の給排水、換気経路の位置により、厨房の位置（図 13・1）がおのずと決まってくる。オープンキッチンが希望であったため、カウンター席を設け、残りのスペースで可能な限り多くの客席を確保し、テーブルをセパレートするなど、利用効率も向上するように検討した。

3　基本計画

　ラフプランができたら、基本計画の検討に進む。

　基本計画は、おおよその予算を考慮しながらデザインを進め、正確なスケールでラフプランが納まるように検討することである。プレゼンテーションでは、イメージパースやイメージ写真、場合によっては模型などを用い、打ち合わせを重ねることで施主の要望を具現化していく。図面の他、模型や完成予想図なども作成し、計画の基本方針を決定する。

4　客席の計画

・スタッフと客の視線に配慮する

プランニングするときは、平面的な考察だけではなく、最終的な空間のイメージを立体的に想像しながら進めよう。平面計画がまとまってきたら、展開図で高さ関係をチェックし、平面図とともにデザインの調整をするんだ。慣れてくれば、照明計画や演出なども想定しながら計画を進めることができ、さらにステップアップできるよ。

図 13・3　展開図 1

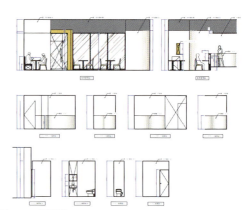

図 13・4　展開図 2

　カウンター席では、客の視線をさえぎる壁を少し立ち上げることにより、厨房スタッフは客の食事の進行をチェックしながら、気兼ねなく調理できるように、また客は、目の前の料理に集中してゆっくり食事を楽しむことができるように配慮した。さらに、客同士の目線が直行しないように配慮し、居心地の良い空間としている。

・利用効率の良い客席を考える

　ベンチシートのテーブルは2人席の単位でセパレートすることで、客の人数に合わせて**グルーピング**ができるようにした。中央のテーブル席は、ミニライブなどのイベント時には移動してステージとなるスペースを確保できるように、固定しない座席としている。

> 客席の数は売上に直結するので、席数の確保と、利用効率の良いプランが求められるよ。
>
> カウンター席は、カップルで利用することが多いため、席数を偶数にすると効率が良いとされているんだ。
>
> 特にカウンター席では、寿司店や割烹料理の店のように、厨房スタッフの手仕事を演出と捉え、お客様に見せる手法もあるよ。

5　色彩計画

　カラースキーム（色彩計画）[→第6章] は、モダンな白・黒にイメージカラーとして、食欲を促進するオレンジを用いた。加えて天然木のナチュラルな仕上げを差し込むことで、ナチュラルモダンの雰囲気を演出した。照明の**色温度**を 2800K [→第4章] 前後に統一することで、より温かく優しい空間となるように考慮している。

6　素材の計画

　客席のカウンターとテーブルの天板は、オーガニック食材にこだわる店舗のイメージと合わせるため、**天然木集成材**に**オイルフィニッシュ**を施し、手触りの良い仕上げとした。カウンター席の腰壁や、ベンチシートの台輪部分は、客の足が当たるので、汚れが目立たない色の**メラミン化粧板**を用い、座席の張地は、**ビニールレザー**を用いた。店舗の床は、**無垢**の**フローリング**を用いて高級感を演出した。

> 室内仕上げは、空間のイメージだけでなく、室内環境にも直結している。吸放湿、反射率、色、テクスチャー、蓄放熱など素材の特性を知ることが大切だよ。[→第9章]

図13・5 樹種と色調、木目、名称（作図・撮影：九後宏）

厨房内は、防水した上に塗り床で仕上げた。いずれも掃除やメンテナンスが容易な仕上げを用いている。

なお、木材には図13・5のような種類があり、特徴やコストをよく考えて選択する。[→第9章2節「木材とその生成品」]

7　照明計画

人が色を認識する3要素は、光と物体と視覚であることから、照明は空間の質を決定づける大きな要素のひとつであるといえる。色温度を高く設定すると、すっきりとしたモダンなイメージに、逆に色温度を低く設定すると温かく落ち着いた雰囲気になる。演出照明として、スポットライトで強調したい場所を照らしたり、テープライトなどの間接照明を用いて柔らかな表情としたり、調光器で部屋全体の照度をコントロールするなど、照明効果をうまく活用することで、さまざまなシーンをつくりだすことができる。

ここでは、ファサードに設けた格子から店内の明かりが外部に溢れ出し、外部に格子の陰影を映し出すようにした。また、入口に設けたサインは、余分な影を避けるため、壁面に小さな穴を開け、壁に埋め込んだ狭角のスポットライトから水平に照らすこととした。

色温度と照度が空間のイメージを大きく左右するよ。もちろん、照らされる物体の色や反射率にもよるので、光と物の関係をよく吟味する必要があるんだ。たとえば「黒いものにいくら照明を当てても明るく感じない」といった特性を利用し、明度の高い仕上げと対比的に見せることで、奥行き感のある空間をつくりだすこともできるよ。[→第4章]

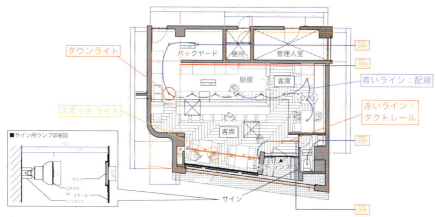

図13・6 配灯図

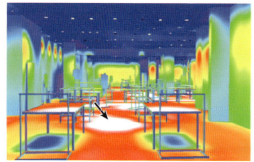

図13・7 配灯シミュレーション（出典：株式会社 遠藤照明「光のウェブマガジン『光育（ヒカリイク）』」〈http://www.hikariiku.com/〉）
左：従来タイプの水平面照度重視の配灯シミュレーション。通路が大いに照らされるが、床の仕上げに吸収されている。
右：垂直面照度重視の配灯シミュレーション。壁面が明るく視線が奥に誘導され、広がり感が増す。

カウンター席とベンチシートは、固定席であるため、ダウンライトを採用した。中央のテーブル席は、配線ダクトを利用した広角のスポットライトで照らし、イベントなどでテーブルの位置が変わっても対応できるように配慮した。壁面のテクスチャーを強調するための間接照明は、厨房の手元灯を補う役目も果たしている。

なお近年では、CADなどを用いたシミュレーション技術が発展し、効果的な照明計画や省エネの検討も同時に進めることが可能となっている（図13・7）。

図13・8　イメージパース（CG）

8　実施設計

基本設計ができたら工事計画、工事費の算出を行うための**実施設計**に進む。

実施設計は、基本設計にもとづき納まりや電気・機械設備など、詳細な設計を進めることである。特注品や汎用品ではないものなど使用する材料によっては、価格・納期・在庫などを確認し、工期に支障がないように配慮しなければならない。また、実際に使用する素材のサンプルを取り寄せ、**プレゼンボード**を作成するなど、施主の了承を得ることも重要である。実施設計が終わると、複数の施工会社に見積りを依頼して入札を行い、予算が合わない場合は、施工内容や素材の変更などをし、見積り調整を行う。

9　設計監理

最終の工事金額が決まれば、施主と施工会社の間で**工事契約**を結ぶ。その後、施工会社とともに施工計画、工程などを検討する。

工事開始と同時に墨出しを行う。これは、壁や建具の位置を床に示していくことを指す。設計者立会いのもと、施工会社が実施するが、現場の状況確認も含め、重要な**設計監理**のひとつである。

基本的に、工事の進行は施工会社が管理する。設計者は、工事が図面通りに行われているかを確認し、図面では書ききれない現場での調整や、細かな納まりや仕上げの指示などを行う。

現場の状況や工事の進捗により、施工会社から工事内容や方法の

施主は、設計者や施工者と比べて、図面を見ても空間や仕様を理解しづらい場合が多いので、できる限りスケッチやCG、イメージ写真、サンプルを用いてプレゼンテーションし、立体的な空間を想像してもらえるように工夫することが必要なんだ。

工期やコストに関わる重要事項は、施主・設計者・施工者が互いの認識の相違を防ぐため、打ち合わせ議事録を作成して情報を共有するといいよ！

変更などの要望が出た場合は、施主に代わって設計者がその内容を判断した上で施主に説明し、了承を得る。

10　設計検査・引き渡し

　工事が完了すると、まず施工会社が自主検査した上で設計者が設計検査を行う。施工会社、設計者の検査を経た上で、施主検査を行う。仕上がりに不備がある場合は、設計者から施工会社に是正を指示する。施工会社は、速やかに是正計画を立て、施主に報告し確認をとる。是正工事を実施したら、再び設計者、施主の検査を行い、合格すれば引き渡しとなる。

　引き渡し時は、施工会社が空調機や厨房などの設備機器の取り扱い説明および、各仕上げのメンテナンスなどについても説明し、竣工を迎える。

　竣工後には、時折現場確認をし、施設の利用開始後に不備がないか確認する。工事に瑕疵があれば施工会社はすみやかに是正する。施主の要望により改善することもある。施主が施設を利用して、初めて気づくことがある。また、計画通りに空間が機能しているかどうかの確認も必要である。

　以上のように、竣工したら終わりということではなく、その後のケアも含め、施主との関係を大切にし、継続的に関わることが重要である。

現場をスムーズに進めるためには、施主、設計者、施工者それぞれの信頼関係と、コンセンサス（合意）が重要なんだ。また、「段取り8分」といわれるほど、下準備をうまくしていれば大きな失敗につながることはない。

下準備の方法：
1. 仕事の検証（優先順位含む）
2. 製作物や材料の発注
3. 作業時間の配分
4. 業者間の工程の調整
5. 発注者との合意

これを真摯に繰り返し、実施するだけ！

竣工後も、リサーチを含めて、現場確認を実施する。施主との良好な関係を築くことにもつながるよ。

索 引

■英数

- AIDMA の法則 …………………22
- AISAS の法則 …………………22
- CMYK ……………………………82
- CS（カスタマー・サティスファクション）…23
- DPG ガラス工法 ………………129
- HEMS ……………………………57
- IH クッキングヒーター …………63
- JAS（日本農林規格）……………34
- JIS（日本工業規格）……………34
- LED ……………………10, 56, 102
- LGS ………………………………86
- Low-E ガラス …………………128
- LVL ……………………………118
- OA フロア ………………………85
- PCCS ……………………………74
- UV ハードコート ………………124
- Web マーケティング ……………22
- 1 点透視図 ………………………163
- 2 次加工 …………………………121
- 2 点透視図 ………………………163
- 3 点透視図 ………………………164
- 51C 型 ……………………………160

■あ

- アーチ …………………………133
- アーツ・アンド・クラフツ運動 …145
- アートワーク ……………………13
- アール・デコ様式 …………148, 159
- アール・ヌーヴォー ……………145
- アキスミンスター ……………112
- アクセントカラー（強調色）……79
- アクティブソーラー ……………53
- 脚先金物 ………………………106
- アシンメトリー …………………141
- 飛鳥様 …………………………152
- アスファルト …………………122
- アダム，ロバート ……………142
- アソートカラー（配合色）………79
- 東障子 ……………………………95
- 圧力水槽方式 ……………………49
- 網入りガラス …………………128
- 阿弥陀堂 ………………………153
- アラベスク模様 ………………137
- アルハンブラ宮殿 ……………137
- アルマイト ……………………130
- アルミニウム …………………130
- 合わせガラス ……………36, 129
- 編布 ……………………………120
- アンピール様式 ………………142
- アンビエント照明 ………………99
- 椅子 ……………………………104
- イームズ，チャールズ ………149
- イスラム様式 …………………136
- 板ガラス ………………127, 144
- 板目 ……………………………117
- 厳島神社 ………………………154
- イッテン，ヨハネス ……80, 148
- イメージコントロール …………10
- 色温度 ……………55, 81, 168, 169
- 色ガラス ………………………128
- 色の
  - ――感情効果 ……………………69
  - ――視覚的効果 …………………69
  - ――視認性 ………………………71
  - ――重量感覚 ……………………72
  - ――象徴性 ………………………69
  - ――同化 …………………………70
  - ――面積効果 ……………………70
  - ――誘目性 ………………………70
  - ――連想 …………………………68
- 色立体 ……………………………74
- 陰影 ……………………………164
- 飲食店 ………………………10, 11
- インテリアイメージ ……………42
- インテリアコーディネーター …18, 19
- インテリア商品 …………………19
- インフォメーション …………114
- ヴィクトリア様式 ……………145
- ウィルトン ……………………112
- ウィンドウトリートメント …107
- ウェグナー，ハンス …………149
- ウォーターハンマー ……………49
- ヴォールト ………………133, 135
- ウォンツ …………………………21
- 雨水 ………………………………50
- 薄板 ……………………………122
- 内田繁 …………………………150
- 漆 ………………………………157
- エコマーケティング ……………24
- エジプト文明 …………………133
- エナメル ………………………124
- 演色性 ……………………55, 56
- 円覚寺舎利殿 …………………155
- 円座 ……………………………154
- エンジニアリングウッド ……119
- 演出照明 ………………………169
- 円筒錠（モノロック） …………96
- エントランスホール ……………13
- 塩ビシート ……………………122
- オイルフィニッシュ ……124, 168
- 黄金比 ……………………………31
- 大壁構造 …………………………86
- オーダー ………………………134
- オーダーメイドキッチン ………58
- オーナメント …………………114
- オーニング ………………………92
- オープンタイプ …………………39
- オープンワーク（すかし彫） …142
- 置き敷き ………………………113
- 置畳 ……………………………154
- 汚水 ………………………………50
- オストメイト ……………………65
- オフィス …………………………39
- オブジェ ……………………12, 13
- 折上天井 ………………………153
- オルタ邸 ………………………146
- オルブリヒ，ヨーゼフ・マリア 146
- 温度 ………………………………44
- 温熱感覚 …………………………46

■か

- カーテン ………………………108
  - ――ウェイト ……………………109
  - ――ホルダー ……………………108
- カーペット ……………………111
- ガールの水道橋 ………………134
- 開口部 ……………………………91
- 階段 ………………………………90
- 外壁 ………………………………84
- 火焔式土器（縄文土器）………151
- 化学繊維 ………………………120
- 鏡 ………………………………128
- 家具 ………………………………64
- 家具・プロダクトデザイナー…18, 19
- 額入り障子 ………………………95
- カクトワール …………………140
- 隔離就寝 ………………………160
- 掛金 ……………………………106
- 可視光 ……………………………80
- 春日造 …………………………153
- 火成岩 …………………………126
- 型板ガラス ……………………128
- 学校 ………………………………40
- カッソーネ ……………………157
- 桂離宮 …………………………157
- 火頭窓 …………………………155
- 狩野派 …………………………157
- 壁式構造 …………………………84
- 壁代 ……………………………154
- 加法混色 …………………………81
- 鎌錠 ………………………………96
- 框 …………………………………93
- 框組 ………………………93, 105, 139
- 紙 ………………………………119
- 鴨居 ………………………………90
- カラーガラス …………………128
- カラースキーム ………………168
- カラーユニバーサルデザイン…66, 71
- ガラス …………………………127
  - ――ブロック …………………129
  - ――ルーバー …………………92
- 河井寛次郎 ……………………160
- 換気計画 …………………………36
- 乾式工法 ……………85, 125, 126
- 寒色 …………………………71, 83
- 含浸塗料 ………………………123
- 含水率 …………………………117
- 完成予想図 ……………………167
- 間接照明 ……………………14, 101
- 杆体細胞 …………………………81
- 慣用色名 …………………………76
- 機械換気 ……………………46, 51
- 機械美 …………………………144
- 生地仕上げ ……………………123
- 北山文化 ………………………155
- 几帳 ……………………………154
- キッチン …………………………58
- 機能主義 ………………………148
- 機能性材料 ……………………130
- 基本計画 ………………………167
- 気密性 ……………………………45
- 逆マスターキー …………………96
- キャッチ ………………………106
- キャビネット …………………105
- 吸音 ………………………………47
  - ――天井板 ……………………126
- 強化ガラス ……………………128
- 擬洋風建築 ……………………159
- 鏡面素材 …………………………10
- 局所式給湯方式 …………………50
- ギリシャ ………………………134
- 気流 ………………………………44
- 近代建築運動 …………………144
- 空間デザイナー …………………18
- 躯体 …………………………14, 84
- グラスウール …………………129
- グラデーション ………………164
- 倉俣史朗 ………………………150
- グリーンマーケティング …24
- クリスタルパレス ……………145
- グリッパー工法 ………………113
- クリムト，グスタフ …………146
- グルーピング …………………168
- クレイペグ ……………………133
- クレセント ………………………98
- クレモンボルト …………………98
- クローズタイプ …………………39
- グロピウス，ヴァルター ……148
- 蹴上 ………………………………91
- 蛍光灯 ……………………56, 102
- 継時対比 …………………………70
- ケースメント …………92, 110
- ゲーリー，フランク …………150
- 蹴込 ………………………………91
- 結露 ………………………………44
- 源氏襖 ……………………………95
- 原色 ………………………………81
- 建築化照明 ……………………101
- 建築系（シェルター系）家具 …30
- 減法混色 …………………………82
- 剣持勇 …………………………160
- 高架水槽方式 ……………………49
- 高輝度放電ランプ（HID）…56, 102
- 工事契約 ………………………171
- 格子戸 ……………………………94
- 合成樹脂 ………………………121
- 光束 ………………………………55
- 後退色 ……………………………71
- 高透過ガラス …………………128
- 向拝 ……………………………153
- 興奮色 ……………………………72
- 広葉樹 …………………………118
- 合理主義 ………………………148
- 交流 ………………………………53
- 合流式 ……………………………51
- コージェネレーションシステム…50
- コートハウス ……………………38
- コーニス照明 ……………56, 101
- コーブ照明 ………………56, 101
- コーポラティブハウス …………38
- コーポレートカラー ……………9
- 五感 ………………………………33
- 顧客創造 …………………………21
- 顧客満足度 ………………………23
- 国風文化 ………………………153
- ゴシック ………………………138
- 腰付障子 …………………………94
- コスト ……………………………11
- 固体伝搬音 ………………………46
- 古代ローマ ……………………134
- 個別式暖房 ………………………52
- 固有色名 …………………………76
- 固有感情 …………………………71
- コルク …………………………119
- コロッセウム …………………135
- コロニアル様式 ………………143
- コロンボ，ジョエ ……………149
- コンクリート …………………124
- 権現造 …………………………157
- コンサルティング ………………24
- 混色 ………………………………81
- コンセプト ………………………19
  - ――ワーク ………………………8

コンセント … 54	住宅 … 18	セセッション … 146	ダンテスカ … 140
コントラスト … 164	集中式 … 138	設計監理 … 171	断熱材料 … 131
コンドル, ジョサイア … 159	樹脂系材料 … 121	絶対湿度 … 44	段鼻 … 91
	樹脂サッシ … 93	接着工法 … 113	暖房負荷 … 52
■さ	シュレーダー邸 … 148	セミパブリック … 39	チッペンデール … 142
サーモスタット式 … 63	書院 … 89, 156	禅宗寺院 … 155	茶室 … 16
サーリネン, エーロ … 149	——造 … 156	禅宗様（唐様） … 155	中央式給湯方式 … 50
彩度 … 72, 74, 75	城郭 … 156	染色 … 120	中央式暖房 … 52
彩度対比 … 70	浄化槽 … 51	尖頭アーチ … 139	長尺シート … 122
材料 … 116	障子 … 15, 94, 156	千利休 … 76, 156	調光ガラス … 129
サイン … 64, 114	焼成れんが … 133	洗面室 … 59	直接照明 … 101
サヴォナローラ … 140	照度 … 55	洗面脱衣室 … 30	直流 … 53
棹縁 … 87	障壁画 … 157	草庵茶室 … 156	沈静色 … 72
坂倉準三 … 160	情報設備機器 … 57	騒音 … 48	衝立 … 154
サステイナブルデザイン … 24	錠前 … 95, 106	雑巾摺り … 90	通風 … 46
雑排水 … 50	照明計画 … 10	造作 … 84	ツタンカーメンの黄金の椅子 … 133
サニタリースペース … 37	食寝分離 … 160	相対湿度 … 44	上 … 125
実矧ぎ … 118	ショッピングモール … 42	造膜系塗料 … 123	吊り木 … 87
サン・ピエトロ大聖堂 … 140	ジョンソン, フィリップ … 150	ゾーニング … 167	低反射ガラス … 128
残響 … 48	白木仕上げ … 124	素材 … 12	テキスタイル … 119
残像 … 70	シリンダーケースロック … 96	ソシオフーガル … 33	テクスチャー … 170
三相3線式 … 54	真壁構造 … 86	ソシオペタル … 33	手漉き … 15
桟戸 … 94	シングルレバー式 … 63	ソットサス, エットレ … 150	デ・ステイル … 147
サンドブラスト … 130	心材 … 117	ソマー … 33	テッセラ … 136
シアー … 109	神社 … 15, 152		電磁波遮蔽ガラス … 128
仕上げ … 85	進出色 … 71	■た	伝導 … 43
シーベキップ … 92	人体系（アーゴノミー系）家具 … 30	耐久性 … 85	電動タッチ式 … 65
シーリングライト … 56	人体寸法 … 29	太鼓張襖 … 95	転倒防止金物 … 36
シェード … 110	真鍮 … 130	大社造 … 152	天然木集成材 … 168
シェラトン, トーマス … 142	寝殿造 … 154	対照色相配色 … 78	天然樹脂 … 121
視覚の効果 … 69	神仏習合 … 153	対照トーン配色 … 78	天然繊維 … 120
敷居 … 90	神明造 … 152	対照の調和 … 77, 78	点描画 … 82
色覚 … 66	シンメトリー … 139	堆積岩 … 126	店舗 … 18
色彩計画 … 78, 168	新有効温度 … 46	ダイニングキッチン（DK） … 161	店舗付き住宅 … 16
色彩調和 … 76	針葉樹 … 118	対比 … 70	転用（コンバージョン） … 10
色彩理論 … 68	心理4原色 … 70	大仏様 … 98	ドアアイ … 98
色相 … 71, 72, 74	心理補色 … 70	大報恩寺本堂（千本釈迦堂） … 153	ドアガード（ドアチェーン） … 98
色相対比 … 70	錐体細胞 … 81	耐磨耗性 … 85	ドアクローザ（ドアチェック） … 97
色相環 … 74	垂直作業域 … 29	対流 … 43	ドアハンガー … 97
式台玄関 … 158	スイッチ … 54	タイル … 125	トイレ … 59
織布 … 120	水道直結方式 … 49	台輪 … 105	ドイツ工作連盟 … 146
色の3原色 … 82	水平作業域 … 29	ダウンライト … 56, 170	銅 … 130
軸組構造 … 84	水墨画 … 156	高床式住居 … 151	同一色相配色 … 77
指向性 … 22	末口 … 117	武野紹鷗 … 156	同一トーン配色 … 78
慈照寺銀閣 … 156	数寄屋風書院 … 157	多重サッシ … 93	動作空間 … 29
市場調査 … 20	スクリーン … 110	タスク照明 … 99	同時対比 … 70
システムキッチン … 58	スタッキング … 104	三和土 … 125	同潤会アパート … 159
自然換気 … 46, 51	スタンドライト … 56	畳 … 31, 113, 156	唐招提寺金堂 … 152
自然系塗料 … 123	ステイン … 124	畳寄せ … 90	東大寺 … 155
下地 … 85	ステンドグラス … 139	タッセル … 108	動的人体寸法 … 29
漆喰 … 125, 157	ステンレス … 130	辰野金吾 … 159	トーン … 75
シックハウス症候群 … 36	簾戸 … 94	竪穴式住居 … 151	特殊塗装 … 124
ジッグラト … 133	ストッパー（戸当り） … 98	建具 … 93	特注品 … 20
湿式工法 … 85, 86, 125, 126	スパッタリング … 130	タフテッド … 112	戸車 … 98
実施設計 … 171	スパン糸 … 120	タペストリー … 140	床の間 … 88, 156
湿度 … 44	スペクトル … 80	多目的トイレ … 65	床脇 … 89
しつらい … 154	スポットライト … 11, 14, 56, 169	単位空間 … 30	把手 … 106
しとね … 154	隅 … 85	単板襖 … 95	戸襖 … 95
蔀（蔀戸） … 94, 154	住吉造 … 152	ダンカン・ファイフ … 143	ドムス … 135
シミュレーション … 170	スライド丁番 … 106	段差 … 91	トラップ … 51
遮音 … 47	スライドレール … 106	淡彩パース … 164	塗料 … 123
尺貫法 … 31	摺上げ障子 … 95	暖色 … 71, 83	ドレーキップ … 93
ジャロジー … 92	スロップシンク … 59	暖色系 … 83	ドレープ … 109
祝儀敷き … 114	生活家電 … 56	単相2線式 … 54	戸枠 … 93
重心高さ … 28	静的人体寸法 … 28	——3線式 … 54	
集成材 … 118	静電植毛 … 130	段通 … 112	

索引　175

■な
内装 …………………84
長屋門 ………………158
流造 …………………153
中廊下型 ……………159
長押 …………………90
波連子窓 ……………155
難燃加工 ……………121
ニーズ ……………19, 21
日光東照宮 …………157
日射量 ………………45
ニュートン，アイザック …80
人間工学 ……………27
塗り床 ………………169
音色 …………………47
ネスト ………………104
熱環境 ………………43
熱貫流率 ……………44
熱線吸収ガラス ……128
熱線反射ガラス（ハーフミラー）…128
熱伝導率 ……………43
熱容量 ………………45
練付け化粧板 ………118
ネルソン，ジョージ …149
野縁 …………………87
ノックダウン金物 …106

■は
パース ………………162
パーソナル・スペース …33
バーチカルブラインド …111
パーティクルボード …119
配光特性 ……………99
配色 …………………66
ハイライト …………164
パイル ………………111
バウハウス …………80
鋼 ……………129, 144
ハギア・ソフィア大聖堂 …136
白図 …………………167
白熱電球 ………56, 101
半蔀 …………………154
バシリカ式 …………137
バタフライ …………104
パッシブソーラー …53
幅木 …………………90
パブリック …………39
濱田庄司 ……………160
羽目板 ………………118
準人体系（セミアーゴノミー系）家具…30
パラレルスライド …93
バランス照明 ………101
バリアフリー ……60, 62
パルテノン神殿 ……134
バロック ……………140
半円アーチ …………135
反射率 ……………10, 13
反対色 ………………78
パンテオン …………134
ハンドル ……………106
ビーダーマイヤー様式 …142
ヒートポンプ ………50
東山文化 ……………156
光センサースイッチ …54
光天井 ……………10, 56
光の3原色 …………81

引き違い錠 …………96
ビザンチン帝国 ……135
ひとよ茸ランプ ……146
ビニールレザー ……168
日干れんが …………133
ヒュートーンシステム …74
病院 …………………41
表色系(カラーオーダーシステム)…73
屏風 …………………154
檜皮葺屋根 …………153
品確法 ………………34
ヒンジ（丁番）……97, 106
ファイバーボード …119
ファブリックス ……111
フィラメント糸 ……120
フェデラル（連邦）様式 …143
フォールディング …104
複合商業施設 ………42
福祉施設 ……………41
複層ガラス …………129
――サッシ …………93
不祝儀敷き …………114
不織布 ………………120
襖 ……………95, 156
縁 ……………………85
フック ………………109
不透明彩色パース …164
踏面 …………………91
プライベート ………39
フライングバットレス …139
ブラインド …………111
――内蔵サッシ ……93
ブラケット …………56
プラスター …………125
フラッシュ構造 ……105
――パネル …………93
フラッシュバルブ式 …59
フラップステー ……106
フランス落とし ……98
ブランディング ……18
プリーツ ……………109
フリンジ ……………108
フレスコ画 …………135
プレゼンテーション …24, 167
プレゼンボード ……171
プレファブ住宅 ……161
ブロイヤー，マルセル …148
フロートガラス ……127
フローリング …118, 168
プロダクト …………64
プロフィリットガラス …129
粉体塗装 ……………130
分流式 ………………51
平均演色評価数 ……55
併置加法混色 ………82
ベースカラー（基調色）…79
ヘーベーベ …………93
ベッセル式 …………59
ベッド ………………105
ヘップルホワイト，ジョージ…142
ベニア ………………118
ベネシャンブラインド …111
ベルサイユ宮殿 ……141
ベレンス，ペーター …147
辺材 …………………117
変成岩 ………………126

ペンダント …………56
ペンディンティブドーム …136
防音材料 ………130, 131
防火材料 ……………131
放射（輻射）……43, 44
防犯 …………………13
法隆寺東院伝法堂 …153
ホーブ，トマス ……143
ホームエレベーター …57
ホール，エドワード …32
補色 …………………74
――色相配色 ………78
――対比 ……………70
ポスト・モダン …150, 161
ホテル ………………40
ポピュレーション・ステレオタイプ…32
ホフマン，ヨーゼフ …146
ポルトランドセメント …144
本締錠 ………………96
ポンティ，ジオ ……149
ポンプ圧送方式 ……49

■ま
マーケットセグメンテーション …22
マーケティング ……21
舞良戸 ………………94
前川國男 ……………160
マクシミニアヌスの司教座 …136
柾目 …………………117
マジストレッティ，ビコ …149
マスターキー ………96
マズローの欲求段階説 …21
町家 …………………159
廻縁 ……………87, 90
マンション ………13, 38
マンセル表色系 ……73
ミース・ファン・デル・ローエ …147
御簾 …………………154
水腰障子 ……………94
水回り設備 …………57
ミゼットハウス ……161
ミッドセンチュリー・モダン …149
ムーア，チャールズ …150
ムカルナス …………136
無垢 ……………105, 168
無彩色 ………………73
村田珠光 ……………156
明度 …………72, 74, 75
――対比 ……………70
銘木 …………………117
目地 …………………85
メソポタミア文明 …133
メッキ ………………130
メラミン化粧板 ……168
メラミン焼付け塗装 …130
網膜 …………………81
木片セメント板 ……119
木目 …………………117
杢目 …………………117
木毛セメント板 ……119
モザイク画 …………135
モザイクタイル ……136
モザイクパーケット …118
モジュール …………31
モジュラーコーディネーション …31
モジュロール ……31, 149

モスク ………………136
モデリング …………165
元口 …………………117
モリス，ウィリアム …145
モンドリアン，ピエト …147

■や
ヤコブセン，アルネ …149
柳宗理 ………………160
柳宗悦 ………………160
屋根 …………………84
弥生土器 ……………151
有機EL ………………103
有効温度 ……………46
有彩色 ………………73
ゆとり寸法 …………28
ユニットバス ………58
ユニバーサルデザイン …61, 62
様式 …………………132
浴室暖房乾燥機 ……59
鎧張り ……………15, 16

■ら
ライフサイクル ……16
ライフスタイル …22, 37
ライフステージ ……38
ライブハウス ………14
ラスボード …………86
ラミナ ………………118
ランニングコスト …15
欄間 …………………90
リートフェルト，トーマス…148
リージェンシー様式 …142
リサーチ ……………11
リサイクル …………24
リノリウム …………122
リブ・ヴォールト …138
リブガラス工法 ……129
ル・コルビュジエ …31, 147
類似色相配色 ………78
類似の調和 …………77
ルネサンス …………139
冷暖房負荷 …………52
礼拝堂 ………………136
冷房負荷 ……………52
レース ………………109
レール ………………98
レクタス ……………135
レッドアンドブルーチェア 148
レバーハンドル ……65
蓮華王院本堂（三十三間堂）…153
レンダリング ………165
ロース・ハウス ……146
ロータンク式 ………59
ロカイユ ……………141
鹿苑寺金閣 …………155
ろくろ加工 …………138
ロココ ………………141
ロックウール ………126
ロマネスク様式 ……137

■わ
和紙 …………………119
侘茶 …………………156
和様 …………………152
和洋折衷 ……………159

編著者

橋口 新一郎（はしぐちしんいちろう） | 赤パン先生
1972年生まれ。近畿大学大学院修了後、出江寛に師事。2000年橋口建築研究所を設立。代表作に「織物の茶室｜霞庵」「姫嶋神社｜参集殿」、著書に『にほんの あらたな てしごと』（宮帯出版社、2017）がある。グッドデザイン賞、アジアデザイン賞、AACA賞優秀賞など多数受賞。近畿大学・帝塚山大学非常勤講師、ロンドン芸術大学招待芸術家。一級建築士。（担当：1、12、13章）

著者

戸澤 まり子（とざわ まりこ）
1989年京都府立大学生活科学部住居学科卒業。同年、住友林業株式会社入社（木造注文住宅の設計業務）。1998年学校法人中央工学校 中央実務専門学校（現・中央工学校OSAKA）入職（建築系教員）。2017年より学校法人中央工学校 中央工学校OSAKA 一級建築士事務所所員を兼務。一級建築士。（担当：2、10、11章）

所 千夏（ところ ちか）
京都大学工学部卒業、同大学院建築学専攻修士課程修了。㈱安井建築設計事務所設計部勤務を経て、独立後、アトリエCK設立。一級建築士、福祉住環境コーディネーター、登録建築家、日本建築家協会理事。鳥取環境大学、甲南女子大学を経て、現在、光華女子大学短期大学部非常勤講師。（担当：3～5章）

岩尾 美穂（いわお みほ）
米国コンコーディア大学経営学部にて准学士号取得。積水ハウス㈱、広告代理店を経て独立。2009年よりカラープランニングとディレクションを業務とするオフィスいろどり主宰。東京商工会議所1級カラーコーディネーター（環境色彩）、色彩検定協会1級色彩コーディネーター。スペースデザインカレッジ非常勤講師。（担当：6章）

九後 宏（くご ひろし）
京都工芸繊維大学工芸学部卒業、㈱プランニングKIC勤務、ホテルやレストランを主とした商業施設のプロジェクトに携わる。2007年より九後宏事務所、インテリア全般に関わるコンサルティングに従事。大阪工業大学非常勤講師などを歴任。（担当：7～9章）

＊本書の製作にあたっては、下記の方々に取材協力や資料、情報の提供をいただきました（50音順）。記して感謝申し上げます。

Komaneka Resorts Ubud Bali／株式会社LEM空間工房／旭硝子株式会社／板硝子協会／公益社団法人 インテリア産業協会／株式会社 内田洋行／株式会社 遠藤照明／塩ビ工業・環境協会／大阪銘木協同組合／硝子繊維協会／株式会社サンゲツ／一般財団法人 省エネルギーセンター／関ヶ原石材株式会社／一般社団法人 石膏ボード工業会／一般社団法人 セメント協会／一般社団法人 全国LVL協会／全国建築石材工業会／大光電機株式会社／中央工学校OSAKA／寺坂福銘木加工所／一般社団法人 日本インテリアファブリックス協会／一般社団法人 日本サッシ協会／公益社団法人 日本セラミックス協会／日本プラスチック工業連盟／日本ロック工業会／一般社団法人 日本建材・住宅設備産業協会／一般社団法人日本硝子製品工業会／日本繊維板工業会／一般社団法人 日本鉄鋼連盟／日本特用林産振興会／一般社団法人 日本粘土学会／公益財団法人 日本防炎協会／一般社団法人 日本木製サッシ工業会／株式会社びこう社／株式会社 丸萬／一般社団法人 木材表示推進協議会／ヤンマー株式会社／株式会社 芳村石材店

＊本書掲載の図版は、特記無き場合は各章の執筆担当者によります。著作権法上での例外を除き、無断で転載することを禁止します。

実践につながる インテリアデザインの基本

2018年4月15日　第1版第1刷発行
2025年5月20日　第1版第5刷発行

編著者………橋口新一郎
著　者………戸澤まり子、所千夏、
　　　　　　岩尾美穂、九後宏
発行者………井口夏実
発行所………株式会社学芸出版社
　　　　　　京都市下京区木津屋橋通西洞院東入
　　　　　　電話 075-343-0811　〒600-8216
　　　　　　http://www.gakugei-pub.jp/
　　　　　　info@gakugei-pub.jp
装　丁………KOTO DESIGN Inc. 山本剛史
印刷・製本…シナノパブリッシングプレス

© 橋口新一郎ほか　2018　　　　Printed in Japan
ISBN 978-4-7615-2675-7

JCOPY （出版者著作権管理機構委託出版物）
本書の無断複写（電子化を含む）は著作権法上での例外を除き禁じられています。複写される場合は、そのつど事前に、（出版者著作権管理機構（電話 03-5244-5088、FAX 03-5244-5089、e-mail: info@jcopy.or.jp）の許諾を得てください。
また本書を代行業者等の第三者に依頼してスキャンやデジタル化することは、たとえ個人や家庭内での利用でも著作権法違反です。